Hans Wolfgang Kölmel
Charité 91
Schritte in eine neue Zeit

Hans Wolfgang Kölmel

CHARITÉ 91

Schritte in eine neue Zeit

Osburg Verlag

Erste Auflage 2019
© Osburg Verlag Hamburg 2019
www.osburgverlag.de
Alle Rechte vorbehalten,
insbesondere das der Übersetzung, des öffentlichen Vortrags
sowie der Übertragung durch Rundfunk und Fernsehen,
auch einzelner Teile.
Kein Teil des Werkes darf in irgendeiner Form
(durch Fotografie, Mikrofilm oder andere Verfahren)
ohne schriftliche Genehmigung des Verlages reproduziert
oder unter Verwendung elektronischer Systeme
verarbeitet, vervielfältigt oder verbreitet werden.
Lektorat: Ulrich Steinmetzger, Halle (Saale)
Umschlaggestaltung: Judith Hilgenstöhler, Hamburg
Fotos Frontispiz und S. 5: Hans Wolfgang Kölmel
Satz: Hans-Jürgen Paasch, Oeste
Druck und Bindung: CPI books GmbH, Leck
Printed in Germany
ISBN 978-3-95510-199-2

Prolog

Wir hatten mit zwei befreundeten Familien die Villa in Friedenau von Herrn Mandelbaum erstanden, der nach dem Verkauf sogleich nach Israel zurückgekehrt war. Es handelte sich um ein freistehendes Haus im Stil eines späten Friedrich Schinkel mit zisternenförmigem Flachdach. Abrissreif, aber erhaltenswert.

Mein Vater meinte: »Ich unterstütze euch. Aber eins weiß ich, das wird alles mal russisch.« Zwei Jahre zuvor war das links daneben stehende Haus im gleichen Stil, Friedenauer Erstbebauung, der Abrissbirne zum Opfer gefallen. Einem praktischen Neubau im Sichtbetondekor, auf offenen Carports aufgesetzt, hatte es weichen müssen. Kein schöner Anblick. Besser gesagt: ein Schandfleck.

Von diesem Schandfleck abgesehen, sollten für uns etliche gute Jahre im behütet bürgerlichen Friedenau folgen. Morgens flüssig ohne Stau über die Stadtautobahn in die Klinik im Westend und abends nach Hause, möglichst nicht zu spät, damit noch Zeit für die Familie blieb. Einkauf bei Edeka, samstags auf den Markt am Breslauer Platz oder zur Nikolaischen Buchhandlung und gelegentlich ein Schwätzchen über Neuigkeiten beim Bilderbär. Und am Wochenende mit den Kindern vielleicht in ein Museum oder auf eines der vielen Stadtfeste, am liebsten zu dem vor dem Bethanien.

Aber irgendwann, genau konnten wir das später nicht mehr festmachen, schlug die Stimmung um. Nach den etwa fünfzehn Jahren West-Berlin nistete sich zunehmend ein an Missmut und Überdruss grenzendes Gefühl ein. Oder genauer: Wir hatten genug von der Stadt. Hätte man uns gefragt, wie wir denn darauf gekommen wären, hätten wir nicht sagen können, woran es lag. Die Mauer, die uns umgab, war es jedenfalls nicht. An die hatten wir uns gewöhnt. Westberlin war auch viel zu groß, als dass man, wie in Westdeutschland immer gewitzelt wurde, ständig gegen sie gestoßen wäre. Aber in der Stadt hatte sich so wenig verändert.

Nicht zu übersehen war, dass die Bevölkerung alterte. Die Kraft der Instandbesetzer-Szene, die wir mehrmals mit Nachtdienst unterstützt hatten, war längst verloren. Ein Großteil der Häuserfassaden graute weiter vor sich hin. Die demütigenden Schikanen an den Grenzen störten immer mehr. Und erst recht dieser lästige Weg über die Transitstrecken. Und wehe, es erwischte uns unterwegs eine Panne. Aus Sorge hatten wir unsere Familienkutsche regelmäßig und für sichtbare Summen transittauglich inspizieren lassen. Auch wurde eine entsprechende Versicherung abgeschlossen, falls wir tatsächlich eine Panne haben sollten. Es nervte die Notwendigkeit, mit dem Flugzeug die Stadt verlassen zu müssen, wenn wir die Verwandten besuchen oder eines der üblichen Ferienziele erreichen wollten.

Gewiss konnte Kreuzberg bisweilen fast eine Reise in die Türkei ersetzen. Solche Nachmittage, wenn an jeder Ecke türkisch gesprochen wurde, türkische Musik zu hören war, es nach Kardamom, Kreuzkümmel und Koriander roch, waren ein Erlebnis. Aber auf Dauer reichte das nicht mehr aus als Ersatz für eine Ferienreise ans Mittelmeer.

Und nach Ostberlin oder in die DDR zu fahren – einzureisen, wie es bei unseren Brüdern und Schwestern im Osten hieß –, das hatten wir inzwischen aufgegeben oder zumindest stark reduziert. Die Landschaft mit ihren verträumten Dörfern, ihren Wäldern und Seen war gewiss schön. Aber die gerade für uns Westberliner aufwendigen Formalitäten, der Mindestumtausch, das sogenannte Eintrittsgeld, die ständige Angst, etwas Verbotenes zu tun, die fehlenden Unterkünfte und das bescheidene Essen ließen die Lust auf dieses Reiseziel sinken.

Und dann brachte ein Erlebnis das Fass endgültig zum Überlaufen. Wir kamen mit dreien unserer Kinder gleichermaßen erholt wie abgespannt von einer Ferienreise aus Italien zurück. Die letzten 200 Kilometer Transitweg von Hirschberg nach Berlin waren noch einmal eine Herausforderung gewesen. Bloß nicht schneller als hundert fahren. Ich war ziemlich erschöpft. Beim Grenzübergang Dreilinden die übliche Prozedur, das Ziel Westberlin unmittelbar vor Augen mit dem Funkturm als Symbol der Freiheit. Jetzt möglichst die richtige Wagenkolonne finden, damit nicht unnötig Zeit verloren ging.

»Die Papiere bitte!« Diesmal ohne sächsischen Zungenschlag.

Es wurde ungewöhnlich lange kontrolliert, unsere Ungeduld wuchs. Dann hieß es plötzlich: »Bitte rechts ranfahren.«

Ach du liebe Zeit! Hatten wir irgendetwas falsch gemacht? Waren wir zu schnell gefahren? Wir wollten doch nur noch nach Hause.

»Wie viele Personen sind Sie?«

»Das sehen Sie doch, fünf.«

»Warten Sie bitte! Verbleiben Sie in Ihrem PKW!«

Es dauerte eine halbe Stunde. Dann folgte die Erklärung: »Wir haben hier vier Transitscheine, Sie sind aber zu fünft im PKW.«

»Ja und, was soll das heißen?«

»Ganz einfach, jemand befindet sich illegal in Ihrem Wagen.«

Unsere Erklärung, dass wir zu fünft die Grenze passiert, zu fünft die Transitstrecke durchquert und kein einziges Mal angehalten hatten, stieß nur auf pures Misstrauen. Wieder warteten wir eine halbe Stunde. Und was die Situation unnötig verschärfen konnte, ich hatte genug, mir platzte der Kragen, ich fing laut an zu brüllen: »Wenn Ihre Leute dort unten nicht richtig zählen, was können wir dafür!«

»Jetzt beruhigen Sie sich bitte und setzen sich wieder in Ihren PKW«, wurde ich daraufhin zurechtgewiesen. »Bitte nennen Sie und die Kinder jeweils Ihre Namen!«

Wir taten wie verlangt. Alle hatten den gleichen Familiennamen. Ratlosigkeit. Wieder waren fünfzehn Minuten vergangen. Inzwischen summierte sich das auf fast zwei Stunden, die Dämmerung kündigte sich an.

Schließlich hieß es: »Fahren Sie weiter!«

Diese Schikane hatte uns den Rest gegeben. Bloß weg!

Nur wenige Wochen später sollten sich die Ereignisse überschlagen. Mit der plötzlichen, völlig unerwarteten Öffnung der Mauer, einer Möglichkeit, die wir als Westberliner schon aus Gründen der seelischen Gesundheit gänzlich ausgeblendet hatten, wurden unsere Entschlüsse und die fast bis zur endgültigen Reife gediehene Entscheidung, Berlin für immer zu verlassen, von Grund auf erschüttert. Vielleicht sollten wir alles noch einmal überdenken, vielleicht doch in Berlin bleiben?

In dieser Spannung verloren wir die Zeit aus den Augen, ja schauten lieber und wie gebannt auf die zunehmende Durchlässigkeit der Mauer, wollten unbedingt Augenzeugen sein beim Herausheben ihrer ersten Segmente, freuten uns fast täglich über das schier Unglaubliche der Wiedervereinigung. Keiner der Deutschen aus dem Westen, am wenigsten die tief unten im gesättigten Baden, wo wir herkamen, in Schwaben oder Bayern, konnte wohl nachempfinden, was der Fall der Mauer gerade für die Berliner, selbst für uns Neu-Berliner, bedeutete.

So war uns das Zeitgefühl abhandengekommen. Und zugegeben, auch die Notwendigkeit, mich um eine Arbeitsstelle außerhalb des Klinikums der Freien Universität zu bemühen, hatte ich aus den Augen verloren. Dabei wäre es an der Zeit, ja sogar dringend geboten gewesen. Mein Anstellungsvertrag war, wie bei vielen anderen Kollegen und trotz meiner Position als Oberarzt und meiner Stellung als Professor, zeitlich befristet. Und diese Frist war bis auf einen bedrohlichen Rest von etwa einem Jahr zusammengeschmolzen.

Nachdem ich kurz vor dem Mauerfall für ein Jahr die Neurologische Klinik an zwei Standorten Westberlins – Charlottenburg und Wedding – kommissarisch geleitet hatte, übernahm der aus München kommende, ordentlich gewählte neue Ordinarius, Professor W., die Geschäfte. Meine Bewerbung auf diesen Posten war nicht infrage gekommen, da es sich um eine sogenannte Hausberufung gehandelt hätte. Hausberufungen waren nicht erwünscht.

Nach dem Amtsantritt des neuen Chefs, wir waren uns aus früheren Zeiten bekannt, einigten wir uns, um unnötigen Konflikten vorzubeugen. Er führte die Amtsgeschäfte vom Klinikum Charlottenburg aus, der Stammklinik. Ich begrenzte meinen Arbeitsbereich auf den Weddinger Teil des Klinikums am Augustenburger Platz, dem Rudolf-Virchow-Klinikum. Dort, im Wedding, erwartete mich auch Arbeit und Verantwortung genug.

Dann sollte ein entscheidender Tag kommen. Die oberflächlich geführte und weniger dem Wohl der Patienten als vielmehr der Demonstration dienende Krankenvisite, die zusammen mit dem neuen Chef, falls der sich für abkömmlich hielt, jeden Donnerstag stattfand, war gerade beendet. Wir traten gemeinsam auf den Balkon eines Besprechungszimmers. Überraschend nahm er mich zur Seite. Ich war noch damit beschäftigt, über sein süßliches Herrenparfüm mit dieser aufdringlichen Sillage nachzudenken, als er begann: »Wenn wir gerade so zusammen sind, möchte ich Ihnen versichern, dass Sie sich hier keine Sorgen machen müssen. Ich werde mich dafür einsetzen, dass Sie so lange unter Vertrag bleiben, bis Sie eine für Sie wirklich geeignete neue Arbeitsstelle gefunden haben.«

Jetzt legte er ungewöhnlich vertraulich seinen schweren Arm um meine Schultern. Ein Schwall moschusdurchtränkter Luft verschlug mir den Atem. Ich war sprachlos, kurz setzte mein Denken aus. Dann fühlte ich, wie mir trotz der angeblich frohen Botschaft frostig, wie mir übel wurde. Aus früheren Erfahrungen klüger geworden, wusste ich, dass das nicht der Wahrheit entsprechen konnte. Nur allzu deutlich war zu spüren, wie hier geheuchelt wurde. Jetzt erst wurde mir vor Augen geführt, wie unsicher die Zukunft meines Arbeitsplatzes war.

Und tatsächlich. Am späten Abend desselben Tages, als ich nach der Arbeit gerade zu Hause angekommen war, klingelte das Telefon. Meine ehemalige Sekretärin war am Apparat, sie hätte es schon zweimal versucht. Sie müsse mir das jetzt unbedingt noch sagen, sonst könne sie keinen ruhigen Schlaf finden. Ihr neuer Chef, Professor W., habe sie heute Nachmittag an die Verwaltung des Klinikums schreiben lassen, dass für mich keinesfalls eine Verlängerung des Anstellungsvertrages infrage käme.

Aha, so war das also! Ich hatte es mir fast gedacht. Damit hatte die Sekretärin möglicherweise ihren Nachtschlaf gerettet, der meine war jedoch dahin. Ich rechnete: Noch etwa zwölf Monate läuft mein Vertrag, dann stehe ich, wenn es schlecht kommen sollte, auf der Straße. Meine rechtliche Situation mal außer Acht gelassen. In jedem Fall blieb mir wenig Zeit, um nach einer zuverlässigen Veränderung zu suchen.

Zu der Zeit konnte ich noch nicht wissen, dass die gerechte Strafe für solche und andere Gemeinheiten folgen würde, was die von ihm ausgehende Gefahr für mich abmildern und schließlich sogar vollkommen auflösen würde. Kaum ein Jahr später sollte eine seiner jungen Patientinnen endlich den Mut gefasst haben, ihn wegen allzu großer körperlicher Nähe anzuzeigen. Die Universität versuchte, den Skandal aus berechtigter Sorge vor Imageschäden unter der Decke zu halten. So erfuhr die Öffentlichkeit fast nichts davon. Genaueres wollte auch ich nicht wissen. Ihn aber sollte es seine Stelle kosten.

Inzwischen hatte sich noch Folgendes zugetragen. Bei der Suche nach einer neuen Stelle hatte ich endlich Erfolg gehabt. Ich befand mich in der Phase der Endverhandlung eines Arbeitsvertrages mit dem Verwaltungsleiter einer Westberliner Klinik.

»Kommen Sie doch mit Ihrer Frau und Ihren Kindern vorbei. Dann können die auch mal den neuen Arbeitsplatz von Papa kennenlernen«, bot er an. Wir kamen. Die Kinder wurden an getrenntem Tisch mit einer übergroßen Eisbombe ruhiggestellt. Die Verhandlungen zogen sich hin, das Eis war inzwischen verspeist. Da kam mein fünfjähriger Sohn, ungeduldig geworden, an unseren Tisch und sagte doch tatsächlich: »Papa, jetzt lass uns doch mal endlich gehen. Du willst doch sowieso nicht hierher.« Sprachlosigkeit auf beiden Seiten. Kindermund. Widerspruch hoffnungslos. Zwei Tage später erreichte mich ein Telefonat. Absage. Man sei doch zu dem Schluss gekommen, ich hätte keine ernsten Absichten, die angebotene Stelle anzunehmen. So kann es kommen!

Erster Besuch

»Zurückbleiben!« Türen schlugen zu. 16. April 1991, 9.50 Uhr. Ich saß in Fahrtrichtung auf einer der blankpolierten Holzbänke der S-Bahn, Linie 1, die von Wannsee kommend das Zentrum der Stadt in Richtung Norden bis nach Frohnau durchquert. Seit einigen Monaten machte sie auch an einzelnen, notdürftig wieder instand gesetzten Bahnhöfen Ostberlins Halt. Das war, man wollte es kaum glauben, nach dem erst wenige Monate zurückliegenden Fall der Mauer zwischen Ost und West wieder möglich. Ja, das konnte geradezu ein Gefühl des Glücks auslösen.

Ich träumte mich aus dem Fenster. Sah auf die Fassaden der Häuser, die Vorgärten, die Mülltonnen, die kahlen Brandmauern, sah auf leergezogene Fabriken, einen Gaskessel, einen Spielplatz, einen Friedhof. Durch den Kopf schwirrten Vorstellungen, was mir jetzt wohl bevorstehen würde. Ich hatte einen Gesprächstermin beim Dekan der Charité in Ostberlin.

Einen Tag zuvor war in den Zeitungen die Meldung erschienen, dass die Arbeitslosigkeit in den Neuen Bundesländern, so hieß die ehemalige DDR nun nach der sogenannten Wiedervereinigung, auf über zwei Millionen ansteigen werde. Eine kaum vorstellbare Zahl. Wäre doch denkbar, dass auch ich für diesen sozialen Notstand verantwortlich gemacht würde, wenn ich an der Charité nach einem Arbeitsplatz fragen, ihn möglicherweise übernehmen und damit einem anderen wegnehmen würde? Dann dachte ich an die blühenden Landschaften, die versprochenen, die in immer weitere Ferne rückten.

Aber der Reihe nach.

Es muss Ende Januar 1991 gewesen sein, als ich zufällig im Berliner Tagesspiegel auf einen Artikel stieß, der mich aufmerksam werden ließ. Dort klagte jemand über den anhaltenden Exodus von Ärzten in der ehemaligen DDR, berichtete auch davon, dass man händeringend nach Ärzten aus dem Westen suchte, die vorübergehend oder auch für länger Leitungspositionen übernehmen könnten. War dieser Artikel für mich geschrieben worden? Bot sich hier etwa eine Gelegenheit, mich aus meiner misslichen Lage möglichst schnell und möglichst unauffällig zu befreien? Und ohne mich gleich von Berlin verabschieden zu müssen?

Nach einigem Hin und Her schrieb ich am 16. Februar 1991, ermutigt von Familie und Freunden, mich auf diesen Zeitungsartikel berufend, einen Brief, direkt, und warum auch nicht, an Herrn Erhardt adressiert, den Senator für Wissenschaft und Forschung von Berlin. Ein Hardliner, wie es hieß, der wenige Wochen zuvor, aus dem Schwäbischen kommend, auf diese Stelle berufen worden war: »Ich würde mich als Neurologe bereithalten, meine Erfahrungen, die ich im Westen gesammelt, im Osten weiterzugeben.« Das war sicher etwas einfach gedacht und ebenso einfach ausgedrückt. Es entsprach aber dem, was ich gemeint hatte. Es entsprang keinem Hochmut, keinem Gefühl westlicher Überlegenheit. Es war allein die Reaktion auf den besagten Zeitungsartikel, aber gewiss auch die Lust auf ein Abenteuer.

Einen bestimmten Ort im Osten, der mir für meinen möglichen Einsatz vorschwebte, hatte ich vorsichtshalber nicht angegeben, wenngleich ich natürlich an die Charité gedacht hatte. Nicht etwa, weil es sich um die weltberühmte Charité handelte, sondern ganz einfach, weil diese Klinik von unserer Wohnung per S-Bahn ohne Umsteigen leicht zu erreichen war.

Und kaum zu glauben, wie schnell in diesem Fall die Berliner Bürokratie reagierte. Zu meiner Überraschung erhielt ich schon zwei Wochen später Antwort und sollte nur wenige Wochen darauf zu einem Vorstellungsgespräch bei einem

Professor Mau erscheinen, dem Dekan der medizinischen Fakultät der Charité.

Was eher als harmloser, für mich unwirklicher Spaß, vielleicht auch als Mutprobe gedacht war, wurde plötzlich Realität. Wollte ich das wirklich? Würde ich mich mit solch einer Aufgabe nicht völlig übernehmen?

Für die vereinbarte Vorstellung zog ich das weiße, knitterfreie Hemd an, wählte eine Hose mit Bügelfalte, das dunkelblaue Jackett, knotete im Windsor-Stil die rote, gestrickte Krawatte, zog die schwarzen Lederschuhe an, die mit den Löchern in der aufgedoppelten Kappe, und warf den hellen, der Mode entsprechend weit über die Knie fallenden Sommermantel über. Die übliche Kleidung für ein Vorstellungsgespräch. Dass ich mich damit wie einer aus dem Westen kostümiert hatte und entsprechend auch auffallen würde, sowie ich den Osten Berlins betreten hatte, darauf kam ich erst später.

So saß ich also in der S-Bahn Richtung Norden, Bahnhof Schöneberg, Yorckstraße und so weiter, um zur Charité zu kommen. Noch ohne Halt rauschte die Bahn im Nord-Süd-Tunnel durch den Bahnhof Potsdamer Platz, den Geisterbahnhof. Die weißen, spiegelglatten Platten, die aussahen, als seien sie aus Glas, und die diesem Bahnhof einst eine kühle Eleganz verliehen haben mussten, waren großflächig von Wänden und Säulen abgeplatzt. Auf den notdürftig beleuchteten Bahnsteigen erkannte ich verschiedenes Werkzeug, Schaufeln, Schubkarren, Gerät, das wie nach eben getaner oder auch unterbrochener Arbeit verlassen wirkte. Ganz offensichtlich: Hier war noch einiges zu tun. Die Wachposten der Volkspolizei oder was das war, waren nicht mehr zu sehen. Wachposten, die noch vor wenigen Monaten ängstlich hinter den Säulen vorlugten, wenn wir sie zufällig von den Wagen aus entdeckt hatten. Wachposten, die sich mit dieser Aufgabe sicher unendlich langweilten. Die Morbidität des vorbeirauschenden Elends hinterließ einen leichten Schauder, eben jenen, den eine Geisterbahn hinterlässt.

In der Seitentasche den Stadtplan, stieg ich Haltestelle Friedrichstraße aus. Nur flüchtig nahm ich das heruntergewirtschaftete S-Bahn-Gewölbe wahr, eilte hoch zu den Bahnsteigen der Stadtbahn, um von dort auf die Fußgängerbrücke zu gelangen, die über die Spree führt. Rechts erkannte ich durch die bräunlich verschmutzten Scheiben den von seinen ihn umgebenden Gebäuden aus Pappe teilweise befreiten, fast leer geräumten Tränenpalast, in oder vor dem jetzt nur noch in Ausnahmefällen und dann eher wegen der traurigen Erinnerungen Tränen vergossen wurden. Schon hatte sich dort eine Art Club eingenistet.

Auf der Brücke spendete ich dem Akkordeonspieler eine Mark. Könnte nichts schaden, dachte ich. Dann in die Albrechtstraße. Auf der rechten Seite hatte sich in einem etwas tiefer gelegenen, wahrscheinlich ehemaligen Vorgarten eine Art Imbissstube etabliert. Sie verbreitete den vertrauten Geruch von Currywust und Pommes. Schon mal gut. Links das christliche Hospiz »Albrechts Hof« war in auffällig gutem Zustand. Ich kannte es als konspiratives und deshalb noch vor Kurzem gut überwachtes Restaurant und Hotel. Vor der Wende hatten wir uns dort und einmal auch im in der Hannoverschen Straße gelegenen Christlichen Hospiz getroffen, um mit Kollegen aus dem Osten über die soziale Stellung und über diagnostische und therapeutische Hilfe für Menschen mit Epilepsie zu sprechen. Wir gingen davon aus, dass die Räume verwanzt waren.

Weiter in Richtung Charité. An den Fassaden der Häuser blätterte großflächig der Anstrich. Der entblößte Putz, schmutzig-grau, bröckelte vor sich hin. Einige dunkle Toreinfahrten waren offen, luden aber nicht zum Betreten ein. Ich erinnerte mich an die Zeit vor 18 Jahren, als wir nach

Westberlin gezogen waren. Da boten manche Häuser keinen wesentlich anderen Anblick.

Als ich halb erschrocken, halb erstaunt vor dem Ungetüm des Hochbunkers stand, überkam mich erstmals das Gefühl, ich befände mich in einem völlig fremden Land. Es sollte nicht das einzige Mal bleiben. Ich konnte mich nicht erinnern, dass mir dieses Gebäude bei meinen beiden ersten Besuchen ein Jahr zuvor besonders aufgefallen wäre. Der Weg musste für mich damals noch nicht diese Bedeutung gehabt haben. War ich also schon im Begriff, mich mit dieser Gegend als meinem morgendlichen Gang zum zukünftigen Arbeitsplatz zu identifizieren?

Der vor mir liegende monumentale Betonklotz, dieses Stadtmöbel der besonderen Art, war im Zweiten Weltkrieg für Reisende der Reichsbahn im Falle eines Fliegeralarms als Fluchtburg errichtet worden. Sein Anblick zwang dazu, sich Schicksale vorzustellen, die sich hier abgespielt haben mussten. Nach dem Krieg diente der Bau, dessen Beseitigung wegen der meterdicken Mauern kaum möglich erschien, aufgrund seines ausgeglichen kühlen Klimas als Speicher für Obst. Von den Anwohnern wurde er liebevoll Bananenbunker genannt, für Bananen, die es, wie man sich erzählte, nur selten oder nie zu kaufen gab, die häufig nur als Bückware oder wegen ihres Kaliumgehaltes auf ärztliches Rezept erhältlich waren. Ähnliche Bunker hatten wir zwar auch in Westberlin, etwa in der Pallasstraße in Schöneberg, aber jener fiel kaum auf, weil er von großen Wohnkomplexen überbaut und damit mehr oder weniger schamvoll versteckt worden war.

Vorbauten des Bunkers, sicher einst als Eingang für die Schutzsuchenden gedacht, waren jetzt verrammelt, und verschiedene Nischen dienten als Ablage für offensichtlich nicht mehr Brauchbares, waren also zur Müllkippe geworden. Ich erkannte fleckige Matratzen, manche aufgeschlitzt, zerschlagene Fernsehgeräte, Autoreifen. In einigen Betonritzen des Bunkers, selbst hoch oben im Bereich des Zinnen ähnelnden Gesimskranzes, hatte Grünzeug den Überlebenskampf erfolgreich bestanden. Kaum zu glauben, dass der Bunker später einmal zum Denkmal erhoben werden würde.

Kurz blitzte eine Geschichte aus meiner Kindheit auf. Die Geschichte der Bunker-Lene. Jener Magdalene B. aus unserem Dorf, von der man sich erzählte, dass sie als Folge des Krieges an einem Bunkertrauma leiden würde. Wahrscheinlich war sie aus einer der Nissenhütten, die die Bauern in ihren Gärten zum Schutz gegen Granatsplitter eingegraben hatten, nicht rechtzeitig herausgekommen oder auch verschüttet gewesen. Jedes Mal, wenn es im Dorf zu ungewöhnlichem Lärm kam, etwa wenn die Funktion der Sirene einmal monatlich erprobt wurde, schrie sie laut, rannte in panischer Angst auf die Straße und suchte nach irgendetwas, das ihr Schutz bieten könnte. Wir Kinder fürchteten uns vor ihr. Auch vor dem Sirenengeheul. Manche hielten Lene für verrückt. Die meisten in der Dorfgemeinschaft duldeten und schätzten sie aber trotzdem, nicht zuletzt wegen ihrer nimmermüden Hilfsbereitschaft.

Ich war froh, als ich nach wenigen Schritten das Deutsche Theater erreicht hatte, diesen Bau in vornehmem Grauweiß. Das klassizistische Portal wirkte beruhigend. Zugegeben, eigentlich hatte ich mir das »Deutsche Theater« etwas größer vorgestellt. Und warum müssen auch Opernhäuser immer viel prächtiger als Theater aussehen, ging es mir dann noch durch den Kopf, ich weiß nicht warum. Etwas weiter regte sich in einigen Souterrain- oder Kellerwohnungen erstes, wohl nach westlicher Marktwirtschaft kapitalistisch orientiertes Leben. Auch das wirkte auf mich beruhigend, weil es mir von drüben vertraut war. Rasch und provisorisch aufgemachte Läden, in denen man Papier, Schreibzeug und andere Kleinigkeiten kaufen konnte oder auch Gelegenheit hatte, seine Dokumente zu fotokopieren. Die Nähe zur Charité und ihrer Studenten war zu erahnen.

Der Eingang zum Klinikum von der Schumann- und der Charitéstraße aus war mit einem hohen Tor verschlossen. Dieses Tor aus wehrhaftem, sicher preußischem Gusseisen lud nicht unbedingt zum Betreten des Geländes ein, auch wenn es mit einigen freundlich gemeinten schmiedeeisernen Zutaten geschmückt war, etwa dem oberhalb liegenden Fries von Blattranken. Ein Stoppschild und ein Schild »Durchfahrt verboten« deuteten an, was mich erwartete. Den Eindruck einer Barrikade verfehlte es nicht, die wohl kleineren feindlichen Durchbrüchen, von welcher Seite auch immer, standhalten sollte. Ob es überhaupt geöffnet werden konnte? Es schien mir nicht so. Rechts neben dem Tor war an einem runden, aus roten Klinkern erbauten Halbturm zu lesen, worum es sich handelte: »Charité Krankenhaus«. Die Lettern mussten einstmals vergoldet gewesen sein, zu jener Zeit vor hundert Jahren, als von hier aus zahlreiche kluge Köpfe den Ruf des Klinikums in die Welt getragen hatten. Jetzt waren nur noch Reste des einstigen Goldes erkennbar.

Rechts und links neben dem großen Tor befanden sich Pforten, die sicher für Fußgänger gedacht waren. Nur die am Pförtnerhaus, früher auch Betriebswache genannt, eine Mischung aus Bahnwärterhaus und kleiner Villa, erlaubte Durchlass. Warum der Pförtner mich von oben bis unten musterte, als wäre ich ein Eindringling, lag wohl an meiner Kleidung. Etwa an dem langen Mantel? Wahrscheinlich war es für ihn noch gewöhnungsbedürftig, Unbekannte in das Klinikgelände einzulassen ohne Einlasskontrolle, ohne nach der Herkunft oder der Absicht zu fragen, ohne sich die schriftliche Einladung zeigen zu lassen und ohne den Sicherheitsleuten dort oben auf dem Charité-Turm Meldung zu machen. Vor der Wende hätte ich mich niemals auch nur in die Nähe dieser Pforte getraut. Ich war mir zu jenen Zeiten sicher gewesen, dass ich, ohne eine Einladung möglichst in Schriftform vorzeigen zu können, abgewiesen worden wäre. Nur wenige meiner Kollegen im Westen pflegten eine Verbindung zu Ärzten an der Charité. So wussten wir höchstens andeutungsweise, was sich dort zugetragen hatte und was sich gegenwärtig noch abspielte. Vielleicht ging es auch nur mir so? Aber wir hatten allgemein vor der Wende wenig Interesse, die Charité von innen zu sehen.

Nachdem ich meinen Wunsch geäußert hatte, hellte sich sein Gesicht etwas auf. Er wies auf das nebenan stehende Klinkergebäude mit dem Turm. Dort würden die Charité-Verwaltung und auch der Dekan sitzen, zu dem ich wolle. Der im ersten Stock.

In Ehrfurcht vor dem Gebäude, das mit Wildem Wein über und über zugewachsen war, und in der Anspannung, was mich nun wohl erwarten würde, schritt ich die Auffahrt hoch. Durchschritt vorsichtig die erste, dann die zweite Flügeltür und gelangte in eine großzügige, wenngleich recht düstere Vorhalle. Das wuchtige Gewölbe erinnerte an die Strenge eines Klosterbaus oder einer Ritterburg. Es mochte wohl Ausdruck des Stilempfindens im ausgehenden 19. Jahrhundert sein, was sich hier manifestierte, ähnlich wie man es in manchen städtischen Rathäusern oder Gerichtsgebäuden jener Zeit vorfindet. Was hatten sich Architekt und Bauherr wohl dabei gedacht, was hatten sie beabsichtigt? Welche Wirkung sollte diese Vorhalle auf den Besucher ausüben?

Meine Schritte hallten wider, das war den Ledersohlen meiner Schuhe geschuldet. Ich versuchte, vorsichtiger aufzutreten.

Was aber meine Aufmerksamkeit zunehmend beanspruchte, war der scharfe, fast beißende Geruch, der mir entgegenschlug. Krankenhäuser verströmen in ihrem Inneren ja oft einen besonderen, nicht unbedingt Vertrauen erweckenden, ja eher Unbehagen oder gar Angst einflößenden

Geruch. Ein Geruch, der an Sterilisierung und Narkose, an Entmündigung erinnert, vielleicht auch an eine dieser dunklen Zugsalben, Ichthyol möglicherweise. Aber hier fühlte ich mich eher in die formalingetränkte Luft im Seziersaal der Heidelberger Anatomie zurückversetzt. Es musste sich um ein Reinigungsmittel handeln. Der Geruch drang empfindlich, fast ätzend in die Nase, ein Geruch, der mir endgültig vermittelte: Vorsicht, du befindest dich jetzt auf völlig neuem, dir gänzlich unbekanntem Gelände. Dann erinnerte ich mich daran, wie ähnlich unangenehm mir solch ein Geruch schon einmal vor ein paar Jahren aufgefallen war, als wir eine Reise mit der Interflug gewagt hatten. Ein sofort und dann auch auf Dauer penetranter Geruch. Bestimmt ungesund, da war ich mir sicher. Verbrennt die Riechnerven. Ein Geruch, der in jedem Zimmer eine andere Konzentration aufweisen musste, ein Geruch, an den man sich auch nach Stunden nicht recht gewöhnen konnte. Ein Geruch, der in den Kleidern hängen blieb, der sich selbst in der Haut festsetzte. Und der meiner Familie jeden Abend vermitteln würde, dass ich wieder drüben gewesen war.

Ich bog nach rechts in einen dunklen Gang ein. Es war der einzige, der von der Eingangshalle weiterführte. Von dort gelangte ich zu einem im Turm liegenden, großzügigen, ja prächtigen Treppenhaus. Musste jüngst erst renoviert worden sein. Ich stieg die Wendeltreppe zum ersten Stock empor. Die tiefen Stufen schrieben Schreiten vor. Vorbei an schlanken Säulen mit Schmuck an den Kapitellen, akanthusähnlich, vorbei an gusseisernen Heizkörpern mit verspielten Jugendstilornamenten. Alles offensichtlich keiner wilden Renovierung zum Opfer gefallen. Gut so. Oben angekommen. Die Tür zu einem der Zimmer stand offen. Eine jüngere Frau saß am Schreibtisch.

»Entschuldigen Sie, können Sie mir sagen, wie ich zum Dekanat komme?«

»Zum Dekanat? Geradeaus, die letzte Tür links vor der Absperrung«, wurde mir etwas unwillig Auskunft gegeben. Sicher hatte sie die Frage heute schon mehrfach beantworten müssen. Sie hätte die Tür ja auch geschlossen halten können.

Ich ging nun bis an das Ende des Ganges, gelangte bis zur genannten Sperre – dahinter musste es weitergehen – und klopfte gegen die dunkelbraune Tür, die mit dem Schild »Sekretariat Dekan« markiert war. Nach dem zweiten, etwas deutlicheren Klopfen meinte ich, ein Herein gehört zu haben, und drückte, auf alles gefasst, die frisch polierte Messingklinke, original aus der Zeit.

Die Sekretärin, ungewöhnlich freundlich, ließ erkennen, ich wurde erwartet. Schon mal gut. Sie stand auf, kam hinter ihrem entsprechend der Wichtigkeit dimensionierten, offensichtlich erst jüngst angelieferten Schreibtisch hervor und reichte mir die Hand. So viel Herzlichkeit oder Freundlichkeit – ich wusste nicht, was es war – übertraf alles, was ich bisher gewohnt war – zumal in Berlin, ich meine Westberlin. Aber es wirkte fürs Erste beruhigend. Auf dem Schreibtisch der Sekretärin dominierte neben der elektrischen Schreibmaschine, einem rotem IBM-Kugelkopf-Modell, und einem dauerhaft grünen, größeren Gewächs ein Radio, älteres Modell, aus Plastik.

»Sie werden erwartet. Ich werde Sie gleich dem Dekan melden, seien Sie doch so gut und nehmen Sie so lange auf dem Sofa dort am Fenster Platz.«

Dass das Stehen vorteilhafter gewesen wäre, wusste ich erst, als ich im Polster des durchgesessenen Sitzmöbels versunken war. Den sicher gleich erscheinenden Dekan gemütlich auf einem Sofa sitzend zu begrüßen, passte für mein Dafürhalten nicht so recht zu meinem Anliegen. Von dort wieder in eine stehende Position zu kommen würde nicht einfach sein. Nun gut oder schlecht, ich saß. Wollte auch nicht gleich wieder aufstehen.

Das Radio auf dem Schreibtisch der Sekretärin lärmte fröhlich, anhaltend und zu laut Unterhaltungsmusik, unterbrochen von Werbung, Wetter- oder Verkehrsmeldungen. Trotz meiner Anwesenheit hatte es keine Anstalten gegeben, es leiser oder gar auszustellen. Ungewöhnlich, dachte ich, aber warum auch nicht, eigentlich eher Vertrauen erweckend. Waren es die Zeichen des Aufbruchs, war es die wiedergewonnene Freiheit, ohne Unterbrechung und ohne Kontrolle auch im öffentlichen Raum Westsender hören zu dürfen? Was wohl ihr Chef von dieser anhaltenden Berieselung hielt?

Ich nutzte die Zeit, die mir bleiben sollte, mich etwas umzuschauen, das Zimmer genauer in Augenschein zu nehmen, wenn auch mehr aus der Perspektive eines Froschs. An erster Stelle fiel mir wie schon beim Betreten des Raumes der Teppich auf. Diese sogenannte Auslegware von Wand zu Wand. Sie war offensichtlich jüngst erst verklebt worden, verströmte einen Geruch, der mich an Azeton erinnerte. Nur in ungefähr, da er sich mit dem unbekannten Reinigungsmittel und wohl auch mit dem Parfüm der Sekretärin vermischt hatte. An einigen Stellen am Rand des Zimmers trieb der Teppich Beulen. Schlampig verlegt, und das hier, dachte ich. Ich wäre gerne aufgestanden und hätte die Beulen plattgetreten. Wer wohl für die Wahl der Farbe, ein intensives Blau, verantwortlich gewesen war? Am meisten beschäftigte mich schließlich der Flor des Teppichs. Ich war, wenn schon Auslegware für Büros oder öffentliche Räume, an diese flachen, strapazierfähigen Typen Sisal, Kokos, Schlingenware oder preiswertere Varianten gewöhnt. Aber hier, Velours mit einem erstaunlich hohen Flor. Eigentlich zu hoch. Erinnerte mich eher an ein Wohn- oder besser noch an das Schlafzimmer eines Hotels in preiswerter Lage, weniger an das Vorzimmer eines Dekans der Charité. War es der Wunsch der Sekretärin gewesen, die entsprechend neuem Demokratieverständnis nach ihren persönlichen Wünschen gefragt worden war und sich für einen Teppich mit wohnlicher Ausstrahlung entschieden hatte? Oder lag es einfach daran, dass ich so tief saß? Ich war mir nicht sicher. Jetzt bemerkte ich allerdings, dass mein Weg von der Tür bis zum Schreibtisch und dann bis zum Sofa Fußstapfen im tiefblauen Schnee hinterlassen hatte. Ich begann mich darauf einzustellen, dass jetzt wirklich einiges oder gar alles anders war oder werden würde.

Ich schaute auf die Tür, die wohl zum Zimmer des Dekans führte, weil es neben der Tür, durch die ich eingetreten war, die einzige im Raum war. Sie fiel durch ihr dickes, dunkelbraunes, leicht glänzendes Polster auf, wohl eine Art Kunstleder, rundum in fein säuberlichem Abstand mit zahllosen Ziernägeln aus Messing befestigt. So wie man sie von den ledernen englischen Sitzmöbeln aus dem letzten Jahrhundert kennt. Es sollte wohl dazu dienen, den Radiolärm nicht hinein und das Gespräch nicht hinaus gelangen zu lassen. Das Polster verströmte jedenfalls die Aura von verteilter Macht. Was dahinter besprochen wurde, war von besonderer Wichtigkeit und ging niemanden etwas an, sollte also möglichst geheim bleiben. Es war mir bekannt, dass diese Form schalldämpfender Türen auch zu jenen Räumen führte, in denen die Organe der Staatssicherheit der DDR ihre drangsalierenden Vernehmungen durchgeführt hatten. Warum jetzt auch hier? Zugegeben, die auffällige, an dieser Stelle so ungewöhnliche Tür war mir unheimlich, bedrohlich, das spürte ich. Ich glaube, das kam von meinem Magen.

Mir blieb noch etwas Zeit, nicht so sehr an meinen Magen, sondern überhaupt weiter nachzudenken. Hatte ich eine Vorstellung, was mich erwarten könnte? Und wollte ich das tatsächlich? Könnte ich den Stein, den ich, war es aus Neugier oder aus Übermut, ins Rollen gebracht, noch aufhalten?

Nach den gebührenden Minuten des Wartens öffnete sich wie vermutet die gepolsterte Tür. Ein großer stämmiger

Mann, der Dekan, Professor Mau, stand in der Öffnung und bat mich, wie mir schien, freundlich, doch hereinzutreten. Ich bemühte mich, wie zu erwarten, unwürdig aus den Polstern der Couch.

Der Dekan hatte sein schütteres Haupthaar durch einen kräftigen, sorgfältig getrimmten Bart über der Oberlippe, einen Selbstvertrauen signalisierenden Schnurrbart, ersetzt. Seine Augen wirkten erschöpft. Wann er das Amt des Dekans angetreten hatte, wusste ich nicht. Es musste erst vor wenigen Monaten gewesen sein. Ich hatte mich zuvor über nichts oder fast nichts sachkundig gemacht. Das war auch den fehlenden Möglichkeiten geschuldet, an entsprechende Informationen heranzukommen. Und so war ich völlig unbelastet, was auch sein Gutes hatte. Später erfuhr ich: Seinen Vorgänger hatte man ein Jahr zuvor vorsichtshalber nur vertretungsweise angestellt und dann wieder abgewählt. Professor Mau war darauf in einem ersten demokratisch und vielfältig, ja überaus paritätisch zusammengesetzten Gremium zum Dekan der Charité gewählt worden, nicht zuletzt, weil er sich als bis dahin unbelastet erwiesen hatte.

Der Dekan schüttelte mir die Hand, führte mich in sein Zimmer und bot mir in einer gemütlich eingerichteten Ecke Platz an, links neben der schallgedämpften Tür, durch die ich eingetreten war. Wenig Zeit blieb mir, mich in dem großzügigen Raum umzusehen. Zu gern wäre ich kurz zu einem der Fenster gegangen, um zu sehen, welchen Blick man von dort auf den Turm, die Klinikpforte und die Straße hatte. Das kostbare, mehrfach gewürfelte Eichenparkett musste jüngst erst abgezogen, ausgebessert und lackiert worden sein. Sein aufwendiges, an den Ballsaal eines Schlosses erinnerndes Muster glänzte wie neu. Der typische Geruch des Lacks vermischte sich mit anderen, deren Provenienz ich nicht sicher zuordnen konnte. Das unbekannte Reinigungsmittel drängte sich allerdings immer noch dazwischen.

Auf dem runden, dem Biedermeier ähnlichen Tisch, Kirschbaum, standen bereits zwei kleine Kaffeetassen, auffallend feines Porzellan. Es wäre bei dieser Aufmerksamkeit unmöglich gewesen, den angebotenen Kaffee abzulehnen, den die Sekretärin gerade hereinbrachte. »Kaffee komplett«, lächelte der Dekan. Ich verstand nicht recht. Der Duft des Kaffees tat seine Wirkung, verströmte eine Atmosphäre des Willkommenseins. Er war tiefschwarz, blieb trotz ordentlicher Zugabe von bereitstehender Sahne mehr als bitter, schien darauf ausgerichtet, meinen ohnehin schon harten Puls nach wenigen Schlucken für jeden sichtbar zum Halse schlagen zu lassen.

Derweil musterte mich der Professor aufmerksam und so anhaltend, dass ich mehrmals dem Drang nachgeben musste, seinem Blick auszuweichen. Auch, um etwas Luft schöpfen und meine Gedanken neu ordnen zu können. Kein Zweifel, er suchte nach dem ersten, richtungsweisenden Eindruck. Gleichzeitig war er aber auch bemüht, mir zu vermitteln, dass mein Besuch erwartet wurde und nichts Außergewöhnliches darstellte. Hatten sich etwa vor mir schon andere Kandidaten vorgestellt oder standen noch weitere Vorstellungen an?

Wie sich bald zeigen sollte, gehörte meine Vorstellung keinesfalls zur Tagesordnung. Ich war, was ich bis dahin noch nicht in vollem Umfang realisiert hatte, als Brückenkopf einer allgemeinen Landnahme gedacht, war für die meisten Mitarbeiter an der Charité mit Sicherheit eine schwer einschätzbare, eine von außen eindringende Gefahr. Aus dem Westen kommend, absolut unerwünscht und zudem völlig unnötig. Fachlich höchstwahrscheinlich auch zweite Wahl.

Und dann war ich überrascht. Der Dekan ließ zunehmend durchblicken und schien auch sichtlich darüber erfreut zu sein, dass mein Angebot zur rechten Zeit gekommen war. Ja, eine solche Stelle sei gerade dringend zu besetzen. Ich käme wie gerufen, gab er unumwunden zu. Das ließe sich jetzt alles schnell und unkompliziert in die Wege leiten.

»Herr Kollege, ich darf Ihnen verraten, wir brauchen Sie, Sie kommen im rechten Augenblick.«

Was ich bis dahin nicht wissen konnte, eröffnete er mir jetzt. In der Klinik für Neurologie an der Charité gäbe es gegenwärtig niemanden, der über eine Befugnis für die Lehre der Studenten oder die Ausbildung der Assistenten verfüge, niemanden, der Promotionen oder Habilitationen begleiten könne. Er versuche sich gerade einen Überblick zu verschaffen. Wenn er es genau betrachte, gäbe es seit dem Ausscheiden des bisherigen Ordinarius für Neurologie im Jahre 1987, also seit über drei Jahren zwar verschiedene wie er den Eindruck habe, mehr oder weniger selbst ernannte Leiter, aber keine nach ordentlichem Verfahren besetzte Professur. Es sei gerade in Zeiten des gegenwärtigen Umbruchs dringend notwendig, der Klinik wieder so etwas wie eine Struktur, eine Kontinuität, eine Leitung zurückzugeben.

»Ich gehe davon aus«, fuhr er fort, »dass Sie schon im kommenden Monat die Stelle des kommissarischen Direktors der Klinik für Neurologie antreten können. Die angebotene Stelle bewahrt Ihnen selbstverständlich die Möglichkeit, sich nach entsprechender Ausschreibung – wir arbeiten gerade daran – auf das ordentliche Ordinariat der Klinikleitung zu bewerben.«

Auch daran hatte der Dekan fast schon fürsorglich gedacht.

»Vielleicht haben Sie eine Vorstellung, wir stehen hier vor großen Veränderungen, vor entsprechenden Herausforderungen und Aufgaben. Ich vermute, dass das vielen Mitarbeitern unseres Klinikums noch nicht so recht ins Bewusstsein gelangt ist. Herr Kollege, wir haben uns auf ihre Zusage eingestellt. Ich werde noch heute in der Charité-Verwaltung

Ihr Kommen ankündigen, die Formalitäten sind einfach. Ihr Gehalt, das Sie bisher von Westberliner Seite erhalten haben, wird selbstverständlich in der gleichen Höhe weitergezahlt. Das Westberliner Klinikum wird Sie freistellen, dort habe ich vorsichtshalber schon nachgefragt. Sie werden dann bei uns die Position eines kommissarischen Direktors innehaben. Wären Sie damit einverstanden?«

Ich war einverstanden, ein Rückzug hätte auch keinen Sinn ergeben.

Schließlich vereinbarten wir den Beginn meiner Arbeit fest für den achten Mai, einen Mittwoch. Ich sollte mich an diesem Tag aber vor meinem Arbeitsantritt noch einmal bei ihm melden. Was sollte ich dazu noch sagen: Volltreffer mit vielen Fragezeichen.

Sicher war es ein Zufall, dass dieser achte Mai fast auf den Tag genau eineinhalb Jahre nach Öffnung der Mauer und auf den Jahrestag der Kapitulation fiel.

Dass der Dekan der medizinischen Fakultät, dem ich mich gerade vorgestellt hatte, unbelastet war, diese Auszeichnung sollte anhaltend bleiben. Das stellte sich für mich als ein Glücksfall heraus, da er während der gesamten Zeit, in der ich an der Charité arbeiten sollte, ein konstanter und zuverlässiger Ansprechpartner blieb oder bleiben konnte. Ich gewann auch den Eindruck, dass man ihm die Unbescholtenheit ansah. Und auch den Aufbruch, vom dringenden Wunsch nach einem wirklichen Neuanfang beseelt.

Wie ich später erfuhr, hatte der Dekan anlässlich seines Amtsantritts wenige Monate zuvor mit deutlichen Worten von einer Erneuerung der Charité und mutig von der notwendigen »Auflösung des erstarrten sozialistischen Planungsgefüges« gesprochen. Und er hatte zugestanden, dass dies »bei vielen die Angst ums Überleben, die Furcht, dem Leistungsdruck nicht gewachsen zu sein, dem wissenschaftlichen Wettbewerb mit besser ausgebildeten, erfahreneren

Kollegen aus den alten Bundesländern nicht standhalten zu können«, auslösen werde. Wie recht er hatte.

Aber sollte wirklich ich es jetzt sein, der als der erste besser ausgebildete und erfahrenere Kollege eingestellt wurde?

Weg zum Schloss

An jenem Tag, an dem ich, wie vereinbart, meine neue Arbeitsstelle antreten sollte, entstieg ich der S-Bahn nicht Haltestelle Friedrichstraße, sondern eine davor, »Unter den Linden«. Erst jüngst zum Aus- und Einsteigen notdürftig wieder freigeschaufelt. Entsprechender Zustand. Dem Stadtplan nach zu schließen, erschien der Weg von dort zur Charité einige Meter kürzer. Außer mir waren nur zwei weitere Personen aus der Bahn gestiegen. Für den Monat Mai war die Luft frisch, kalt. Der Himmel wolkenlos grau verhangen. Verhaltene Begrüßung.

So richtig wohl war mir nicht. Die Republik stand noch unter Schock. Wenige Wochen zuvor war der zwar im Osten geborene, längst aber im Westen lebende Chef der noch von der Volkskammer der DDR gegründeten Treuhandanstalt, Detlev Rohwedder, in seinem Wohnhaus erschossen worden. Eine brutale und völlig irrsinnige Tat. Die sich für die »Neuen Bundesländer« abzeichnende katastrophale Arbeitslosigkeit, den Ausverkauf des Besitzes der ehemaligen DDR hatte man ihm und der ihn berufenden Gesellschaft als Vertreter eines Raubkapitalismus westlicher Prägung angelastet. Die Stimmung war auf beiden Seiten Deutschlands gedrückt. Im Westen wegen des Mordes an jemandem, der in den Augen vieler alles versucht hatte, die Umwandlung der sich zunehmend als marode erweisenden DDR-Wirtschaft gerecht und gleichzeitig effektiv zu gestalten. Im Osten, weil man den Mord, wenngleich verabscheut, als Ausdruck tiefer Verzweiflung, als Aufschrei einer verwundeten Seele ansah. Das Versprechen, keinem DDR-Bürger würde es nach der Wiedervereinigung schlechter gehen als bisher, im Gegenteil, konnte nur noch als Häme, als bösartige Verspottung interpretiert werden. Wie würden in dieser Stimmungslage die Mitarbeiter der Klinik an der Charité mein plötzliches Erscheinen aufnehmen?

Am Ausgang der S-Bahn-Treppe empfingen mich die mir schon von anderen Plätzen bekannten fliegenden Händler. Sie waren dabei, ihre Stände aufzubauen, um die Devotionalien einer Zeit anzubieten, die gerade im Begriff war unterzugehen: Stahlhelme der Nationalen Volksarmee, russische Fellmützen, DDR-Fahnen in verschiedenen Größen, einige abgeschlagene Mauerstücke, kleiner oder größer, je nach Geldbeutel, auch Matrjoschkas und vieles andere Nutzlose mehr. Zwei zwielichtige Gestalten blätterten mir versteckt, mit gesenktem Kopf ein mit Gummiband gehaltenes Bündel alter Geldscheine in der Art eines Daumenkinos hin, Geldscheine, die vor der Wende aus irgendeinem Grund gehortet worden waren und mit denen sich jetzt bei geschicktem Hin-und-Her-Wechsel ordentlich Geschäfte machen ließen. Ich lehnte dankend ab.

Ich bog nach links in die Otto-Grotewohl-Straße. Zur Rechten ein paar eindrucksvolle, an italienische Renaissance, ähnlich dem Gropiusbau in Westberlin, erinnernde Gebäude aus rotem, von gelben Streifen unterbrochenem und mit Terrakotta bereichertem Klinker. Nach dem Hinweisschild an einem der Eingänge musste es sich um Lehrgebäude der Charité handeln. Hier ging es also schon los damit. Linkerhand, auffallend nah, nicht zu übersehen, auf Westberliner Gebiet das ramponierte Gebäude des Reichstags. Relikt aus einer Zeit, als Berlin noch zu den vier Eckpunkten der Welt zählte.

Nachdem ich die Spree über die Marschallbrücke überquert hatte, kalter Wind vom Westen, öffnete sich die Straße zur Linken. Sie hatte jetzt den Namen gewechselt und hieß nach einem mir bis dahin unbekannten Hermann Matern. Hinter breiter Grasfläche erstreckte sich eine lange Reihe gesichtsloser Plattenbauten – Sechs- oder Achtgeschosser, Scheiben genannt. Wie hieß es: »Bauschaffende, jede neue Wohnung in hoher Qualität bringt Freude und Geborgenheit.« Aber hier? War hier wirklich das Glück der klassenlosen Gesellschaft eingezogen und fühlte sich geborgen und zuhause? Neben den Treppenaufgängen standen schief und quer die verbeulten Mülltonnen aus Blech. Die hatte man in Westberlin längst durch Kunststoffbehälter ersetzt, nicht zuletzt, weil sie leichter zu bewegen waren und beim Leeren nicht diesen Hinterhoflärm verursachten. Es waren die ungepflegten, verwahrlosten, fast baumlosen Grünflächen vor den Platten, der Bruch des Stils mitten im Zentrum der Großstadt, die eine gewöhnungsbedürftige Atmosphäre schufen, mir zu schaffen machten. Vielleicht mit Heimweh vergleichbar? Befand ich mich noch in meinem Land? Eine Depression, ansteckend, schien diese Gegend wie Mehltau überzogen zu haben.

Der Straßenabschnitt, lange Zeit unattraktiv für Bewohner und aus Sicht der DDR-Regierung für eine Bebauung auch weniger geeignet, da so unmittelbar an der Grenze und später der Mauer gelegen, mehrmals Ausgangspunkt von meist tragisch verlaufenen Fluchtversuchen, hatte Jahre auf sein Schicksal warten müssen. Schon kurz nach dem Krieg waren die auf der Westseite der Straße unmittelbar an der neuen Grenze zu Westberlin gelegenen Gebäude, oder was von ihnen nach dem Bombenhagel des Krieges noch übriggeblieben war, abgerissen worden. Den Rest hatte man von den Trümmerfrauen abräumen lassen. Lange Zeit blieb das Gelände unbebaut, blieb mehr oder weniger sich selbst überlassen. Schließlich waren vor etwas mehr als zwanzig Jahren, als die inzwischen errichtete Mauer mehr Abgeschlossenheit nach Westberlin garantierte, die Reihen der Plattenbauten hochgezogen worden. Gemäß den städtebaulichen Vorstellungen eines gesünderen Wohnens mit einladendem Grün, ausreichendem Freiraum und selbstverständlich ohne Hinterhof. Durch die Gesichtslosigkeit der Häuserfronten waren etwaige Klassenunterschiede ihrer Bewohner verwischt, was möglicherweise auch beabsichtigt war. Auf jeden Fall hatten wegen der Nähe zur Mauer nur jene Menschen einziehen können, von denen Staatstreue anzunehmen, eine Fluchtabsicht mehr oder weniger ausgeschlossen war.

Warum sich jetzt offensichtlich niemand mehr um die vor den Häusern liegenden Grünflächen kümmerte, niemand sich an den Zeitungs- oder Verpackungsresten, den zerbrochenen Möbeln, zerschlagenen Flaschen, den zwei Autoreifen und was sonst noch so alles herumlag, störte, blieb mir ein Rätsel. Öffentliche Plätze in Westberlin glänzten nicht immer durch Sauberkeit. Aber hier war der Müll aufdringlich, ja aufdringlich, hatte eine andere Dimension. Vielleicht nur in meinen Augen? Hatte da nicht vor Kurzem noch jemand gesagt, die DDR sei ein sauberer Staat? Wie konnte das gemeint sein? Und jetzt, alles vorbei? Jeden Tag aus dem Haus treten, jeden Tag nach Hause zurückkehren, um jedes Mal diesen Anblick geboten zu bekommen, so empfangen zu werden, das musste doch deprimierend wirken. Ich dachte an mögliche Ursachen einer auffällig hohen Suizidrate in der ehemaligen DDR.

Als ich später einmal nachfragte, wer denn für solche Aufgaben der Ordnung bisher zuständig gewesen sei, bekam ich zu hören, dass seien in der Regel »die da« gewesen. Und darunter verstand man offensichtlich die anonyme, undefinierbare, aber alles ordnende und für alles zuständige Macht der DDR. Die suchte man jetzt wohl vergeblich. Wo waren die Hausvertrauensmänner oder die Hausmeister geblieben, die für Ordnung hätten sorgen können, wo die Brigade der freiwilligen Ordnungshelfer, wo der viel beschworene Gemeinschaftssinn? Oder war es eine in den vierzig Jahren DDR eingeübte Bequemlichkeit, die dafür die Verantwortung trug? Oder die Enttäuschung oder die Verzweiflung, dass trotz Mauerfall und Einführung der Westmark kaum etwas oder nichts so eingetreten war, wie man es erwartet, sich so sehnlich erhofft hatte? Also dann eine Form des Protestes? Oder war ich mit den über-kritischen Augen eines aus dem kapitalistischen Westen Kommenden geschlagen, der gerne über den eigenen Dreck hinwegsah, sich dafür aber bei den Neuankömmlingen eine ans Penetrante grenzende Strenge leistete? Vielleicht waren die Blocks auch schon größtenteils leergezogen, verlassen, und vielleicht fand sich nach der sechs Monate zuvor gefei-erten Wiedervereinigung niemand mehr, der Anstoß an der zunehmenden Verwahrlosung nahm oder der sich weiter für irgendetwas zuständig fühlte. Wartete man vielleicht ab, was da noch kommen könnte?

Da die Straße vor Jahren mit ihren Neubauten ein gänz-lich neues Erscheinungsbild bekommen hatte, war von den Stadtverordneten Ostberlins kurzerhand entschieden wor-den, ihren bisherigen Namen »Luisenstraße« zu streichen. Auf den war sie einst anlässlich ihrer Entstehung, Anfang des 19. Jahrhunderts, zu Ehren einer kaiserlichen Tochter, die man in die Niederlande verheiratet hatte, getauft worden. Mit dieser preußischen Vergangenheit, man konnte es aus DDR-Sicht auch Belastung nennen, wollte man eh nichts mehr zu tun haben. Aus gleicher Gesinnung war schon vierzig Jahre zuvor das Berliner Stadtschloss erfolgreich geschleift wor-den. Die Straße wurde umbenannt und hieß seit 20 Jahren nach Hermann Matern, einem gewiss ehrenwerten Mann, einem aufrechten Gegner des Naziregimes, einem treuen Sozialisten, der sich selbst gegen Missstände der DDR zur Wehr gesetzt haben soll, gegen den man also nichts oder wenig einzuwenden hatte.

An diesem Morgen sah ich einen Mann mittleren Alters, hellgraues, armfreies Unterhemd und Schlabberhosen, der sogleich hinter einer der über kurze Treppen erreichbaren Eingangstüren verschwunden war. Sonst nichts Mensch-liches. Nichts rührte sich. Auch kaum Autoverkehr. Ich hörte das Grundrauschen der Großstadt. Aber sonst auffällige, bedrückende, ja bedrohliche Stille. Vielleicht fielen mir deshalb die zwei Krähen auf, die gegenüber kreischend um ein Stück Brot stritten, kann auch Pizza gewesen sein.

Dann wechselte ich die Straßenseite, angezogen von einem zwischen Trümmern und Brache herausragenden gewaltigen Gebäude. Nah genug herangekommen, waren an der rauchgeschwärzten Front die zahlreichen Wunden, die Einschusslöcher und die Abbrüche nicht zu übersehen. Ganz offensichtlich Folgen von Bombensplittern oder von Schüssen eines Straßenkampfes. Und wie es den Anschein hatte, eines erst wenige Wochen zurückliegenden Krieges. Unheimlich. Der Bau hatte trotz des Kampfes, der um ihn herum getobt haben musste, als Ganzes durchgehalten. Zumindest ließ seine Front dies vermuten.

Es handelte sich nach den Gesimsen, Bossen, Säulen, Fensterbögen und mit verschiedenen steinernen Zutaten geschmückten Eingängen ganz offensichtlich um einen Bau aus wilhelminischer Zeit. Historisierend repräsentativ, die gewünschte Einschüchterung hinterlassend, war er einst für das Kaiserliche Patentamt vorgesehen. Noch wenige Monate zuvor soll er die Generalstaatsanwaltschaft der DDR beherbergt haben. Jetzt sah er mit seinen blinden Fenstern unbewohnt und leer, fast leblos aus und bot in seiner trotzigen Monumentalität einen Anblick, den ich weniger eindrücklich als vielmehr bedrohlich empfand. Konnte nicht plötzlich jemand aus einem der Fenster blicken oder aus dem Tor treten? Was hatte sich in den zurückliegenden Monaten dort wohl abgespielt, war versteckt, vernichtet oder verbrannt worden?

Auch vor diesem Gebäude lag Müll. Am Straßenrand ein blaugrauer Trabi geparkt, nein abgestellt. Denn das Nummernschild fehlte. Sollte wohl auf diese Weise entsorgt werden. Und nicht diskret in einem Waldstück, sondern direkt vor dem Gebäude der Staatsanwaltschaft.

Ja, so war es. Auf der einen Straßenseite die Tristesse der DDR, auf der anderen die ramponierte Pracht vergangener Zeiten.

Ich ging unter dem weiten Stahlbogen der S-Bahn-Brücke hindurch. An den Betonsockeln halb abgerissene Plakate. Auch Reste möglicherweise von den bekannten Parolen? Ich konnte »Vorw« entdecken. Vielleicht »Vorwärts immer, rückwärts nimmer«? Könnte auch mir gegolten haben.

Einige Meter weiter, unmittelbar hinter der Brücke, wurde mein Blick linker Hand von der Fassade eines Hauses angezogen, das in seiner märchenhaften Unversehrtheit wirkte, als habe es sich zwischen den Platten und den anderen, vom Krieg mehr oder weniger verschont gebliebenen Gebäuden verirrt. Ein respektabler, streng klassizistisch wirkender, ungewöhnlich gepflegter Bau. Offensichtlich aus der Zeit der Erstbebauung. Seine Fassade musste noch vor wenigen Jahren eine Farbe, ein schwaches, ins Ocker gehendes Gelb, erlebt haben. Ganz ungewöhnlich.

Wie ich später erfuhr, wurde das Gebäude ›Palais Bülow‹ genannt, wenngleich eine Familie derer von Bülow wohl nicht in diesem, sondern in einem wahrscheinlich rechts danebenliegenden Haus gewohnt haben soll. Wie auch immer. Dieses Palais Bülow hatte im 19. Jahrhundert auch mal als Krankenhaus oder als Poliklinik gedient, privat geführt. Vielleicht von Ärzten, die der Charité den Rücken gekehrt hatten oder dort nicht mehr gelitten waren? Oder auch nicht. Denn das links daneben liegende, weit weniger gepflegte Gebäude, der Fassade nach zu urteilen aber gleichen Alters wie das Palais Bülow, war in der ersten Hälfte des 19. Jahrhunderts auf Veranlassung des an der Charité hochgeschätzten Ordinarius für Augenkrankheiten, Johann Christian Jüngken, erbaut worden. Das Haus diente dem Herrn Professor für Jahre unter anderem als Sprechstundenpraxis für seine Privatpatienten, die es zu jener Zeit wohl

auch schon gegeben haben muss. Sie waren damals Privat-
kranke genannt worden. Ich stellte mir lebhaft vor, wie der
berühmte Professor Jüngken wohl seine Aufgaben an der
Charité für Lehre, Forschung und die übliche Patientenbe-
treuung unterbrochen haben musste, um schnell, vielleicht
im Gehrock oder in einem weißen Kittel – falls der schon
eingeführt worden war –, in sein nahegelegenes Wohnhaus
zu eilen und dort seine Privatkranken zu verarzten. Solche
Geschichten erfuhr ich natürlich erst später. Aber ohne sie
schon zu kennen, spürte ich die Nähe, die Aura der Charité.

Über dem Portal des Palais Bülow las ich »Möwe« und sah
als Hinweis zwei Vögel, die wohl Möwen darstellen sollten.
Für meinen abendlichen Rückweg nahm ich mir vor, neugierig geworden, durch die Eingangstür, falls die sich öffnen
ließe, hineinzugelangen. Bei der gegenwärtig herrschenden, an Anarchie grenzenden Unordnung, sollte so etwas
durchaus möglich sein. Mich reizte es, einen Blick in das
Innere dieses Palastes werfen zu können. Die herausragende
Bedeutung des Gebäudes während der zurückliegenden Zeit
war mir noch unbekannt. Gegründet von Ernst Busch, ein
bewegter, wenn auch begrenzter Hort künstlerischer Freiheit. Seit einem Jahr war seine Zukunft unklar, der Charakter
eines exklusiven Klubs schon längst verloren gegangen. Ich
konnte nicht wissen, dass zwei Jahre später gerade in diesem
Haus mein Abschied von der Charité gefeiert werden sollte.

Auf jeden Fall hatte ich für mich entschieden, diesen trost-
losen Weg zur Charité wirst du nicht mehr nehmen. Trotz
der positiv stimmenden »Möwe«. Er war mir unheimlich,
jedenfalls keine Begrüßung, die ich mir am frühen Morgen
zumuten wollte.

Sechs Monate später hatte ich ihn dann doch noch
einmal eingeschlagen. Dabei war ich kurz verwirrt. An
verschiedenen Straßenkreuzungen tauchte statt »Otto-
Grotewohl-Straße« jetzt das Schild »Wilhelmstraße« auf.

Auch »Hermann Matern« war verschwunden und durch »Luisen« ersetzt worden. Wie man wohl zu dem Entschluss gekommen war, diese Straßen, kaum war die Wiedervereinigung vollzogen, rückzubenennen? So wie man jüngst und auffällig eilfertig schon mit anderen Straßen, Plätzen, Schulen verfahren war. Die Anwohner leisteten gegen die aus ihrer Sicht willkürlich erscheinende, politisch motivierte Umbenennung Widerstand. Möglicherweise auch, weil sie zu einem ausgesucht linientreuen Klientel gehörten? Sie klagten erfolglos. Aber wie wird man sich fühlen, wenn man in der Hermann-Matern-Straße geboren wurde, dort gespielt hat, groß geworden ist, und wenn es diese Straße eines Tages nicht mehr geben sollte, zumindest dem Namen nach? Da später der Abriss aller Plattenbauten in der Hermann-Matern-Straße, dann wieder Luisenstraße, erfolgte, waren Vergangenheit und Erinnerung an sie ohnehin ausgelöscht, ein Stück verloren gegangen, das so etwas wie Heimat für all jene bedeutet hatte, die dort aufgewachsen waren.

Am Karlsplatz begrüßte mich das Ehrfurcht gebietende, etwas überdimensionierte Denkmal des Rudolf Virchow, nunmehr ein deutlicher Hinweis auf die Nähe der Charité. Im Hintergrund der alles überragende Turm des Charité-Neubaus. Mindestens so hoch oder noch höher als das Europacenter, der Stolz der anderen Seite, der Stolz Westberlins. Ich bog in die Charité-Straße ein – Name wurde nicht geändert – und erreichte nach etwa hundert Metern den Eingang zum Gelände des Krankenhauses. Den großen Durchlass fand ich verschlossen, wie bei meinem ersten Besuch.

Links an der Pforte wurde ich diesmal freundlicher begrüßt. Vielleicht so, als ob ich schon dazugehören würde? Konnte auch Einbildung gewesen sein. Schnell rechts in das Verwaltungsgebäude, erneut von dem beißenden Geruch empfangen, die Wendeltreppe hoch, meldete ich mich im Sekretariat.

Der Dekan erschien diesmal nach wenigen Minuten des Wartens und zeigte sich, wie mir schien, ähnlich erfreut wie anlässlich meines ersten Besuchs. Nach herzlicher Begrüßung griff er zum Telefonhörer auf dem Schreibtisch der Sekretärin, ganz offensichtlich um jemanden herzubitten. Er bedeutete mir, das sei der gegenwärtig amtierende Direktor der Nervenklinik, der solle mich doch bitte hier abholen und zur zukünftigen Arbeitsstelle begleiten. Dieser Direktor oder gegenwärtige Direktor, die genaue Bezeichnung sollte für mich auch im Hinblick auf meine kommende Position unklar bleiben, meldete sich als unabkömmlich. Zweifelsohne eine Frage mangelnder Bereitschaft. Der Dekan gab mir ein entsprechendes Zeichen, was allerdings verschiedene Interpretationen zuließ.

Jetzt musste ersatzweise der Ordinarius einer anderen Abteilung einspringen. Er wurde herbeizitiert. Peinlich. Erschien mir fraglos zu viel des Aufwands oder der Ehre, wie man es auch nehmen mag. Ich kannte zudem den Weg zur Klinik ausreichend genug, diese etwa zweihundert Meter, hätte also ohne Schwierigkeiten allein dorthin finden können.

Ablehnen wurde abgelehnt. Allein ohne Begleitung dort anzukommen, an irgendeiner Tür zu klopfen und sagen zu müssen, hallo, ich bin der Neue, wäre wohl auch nicht optimal gewesen. Der gerufene Professor erschien in seinem weißen Kittel, zeigte unmissverständlich, dass er direkt von der Arbeit und ungern weggeholt worden sei. Wie ich später erfahren sollte, hatte der Dekan nicht ohne Absicht gerade diese Begleitung verordnet. Zwei oder drei Tage später sollte der Arzt Hausverbot erhalten, da sich herausgestellt hatte, dass seine intensive Tätigkeit als verdecktes Mitglied der Staatssicherheit seiner weiteren Anstellung zuwiderlief. Was ging hier vor? Kaum zu glauben, Hausverbot. Das bedeutete doch, er darf nicht einmal mehr das Gelände betreten. Von seinem drohenden Schicksal wusste der Kollege zu dem Zeitpunkt wohl noch nichts, ich natürlich noch weniger. Oder ahnte er es bereits? War die verordnete Begleitung eine Art Mahnung oder gar Schikane, er kommt und du wirst gehen?

Wir gingen gemeinsam über einen Weg, der mit einer bunten Sammlung der für Berlin typischen Granitplatten gepflastert war. Jede Platte ein Unikat. Ich musste mich konzentrieren, wollte ich nicht stolpern. Doch ein kurzer Blick nach links, ich las »Kinderklinik«, eine der ersten Kliniken Deutschlands für Kinder. Dann auf der rechten Seite vorbei an beeindruckenden, langgezogenen Gebäuden aus rotem Backstein, den Kliniken für Innere Medizin. Auffällig die großzügigen Loggien und Balkone. Sicher einst für die Patienten als stundenweiser Aufenthalt an der frischen Luft gedacht mit therapeutisch anzunehmender verminderter Erregerdichte. Eine gelungene Vorbeugung vor der Infektion mit Hauskeimen, falls es die damals auch schon gab. Die blinden Fenster, einige in Scherben, ließen vermuten, dass hier gegenwärtig niemand behandelt wurde. Später erfuhr ich, die Gebäude seien schon vor geraumer Zeit leergezogen worden. Ihre Renovierung oder Sanierung sei zwar seit Jahren geplant gewesen, habe sich jedoch immer wieder verzögert, weil der Bau des Charité-Turms alle finanziellen Mittel verschlungen habe.

Der Kollege, der mich begleiten durfte, wirkte zusammengesunken, einen Kopf kleiner, Blickkontakt gab es schon deshalb nur ausnahmsweise.

»Vielen Dank, dass Sie mich hinbringen.«

»Hm.«

Neuer Anlauf: »Werden hier rechts diese schönen Gebäude gerade renoviert?«

»Ja.«

Er blieb anstrengend stumm. Doch dann brach es plötzlich aus ihm heraus: »Übrigens, in der neurologischen Klinik arbeiten schon zwei Ärzte mit einer B-Promotion, sehr kompetente Kollegen.« Was so viel durchblicken lassen sollte, ohne dass ich es so schnell verstand, wie: »Dich benötigen wir nun wirklich nicht.«

Ich hätte es wissen sollen, aber so fragte ich in aller Unschuld: »Ach so, und ist die B-Promotion so eine Art Dissertation?«

Auf diese dumme Frage hatte er gerade gewartet. »Keinesfalls. Herr Kollege, wie kommen Sie denn da drauf? Die B-Promotionen sind in unserer DDR mindestens so aufwendig und schwierig zu erreichen gewesen wie die Habilitationen in Ihrer BRD«, meinte er.

Dass eine Zeitlang eine gehörige Portion Marxismus-Leninismus damit verpackt werden musste und in den letzten Jahren manche Mitarbeiter der Humboldt-Universität in einer Art Schnellverfahren diesen akademischen Grad erreicht hatten, wusste ich zu dem Zeitpunkt noch nicht. Ich zog es jedenfalls vor, entschuldigend und bestätigend zu nicken. Das »in unserer DDR« hatte ich allerdings nicht überhört. Die hatte sich meines Wissens doch gerade aufgelöst. Aber wer weiß, wie wichtig dieser Mann mir noch werden konnte. Nicht gleich zu Anfang irgendwelche noch dazu unnötigen Konflikte riskieren.

Weiter führte der Weg vorbei an riesigen, sich wild und scheinbar sinnlos gleich Lindwürmern durch die Gegend ziehenden Heizungsrohren, ihre grauen Isolierungen leicht verbeult, von Moos und Flechten überzogen. Vorbei an Resten eines Kindergartens, der Bemalung nach zu schließen, Resten von Rasenrabatten, Resten von Parkbänken. Auf der linken Seite Gewächshäuser, wohl der klinikeigenen Gärtnerei. Tief durchatmen.

Das Gespräch, wenn es so genannt werden konnte, war für die letzten Meter verstummt. Meine Begleitung beschleunigte den Schritt. Schließlich erreichten wir die

Nervenklinik. Das Schloss, wie es in der Charité nicht ohne Ehrfurcht genannt wird. Wohl auch im Hinblick darauf, dass dort nach der herrschenden Meinung manch unheimliche oder geheimnisvolle oder gar geheim gehaltene Krankheiten diagnostiziert und behandelt werden. Ob diese Bezeichnung aus einer bestimmten Zeit stammte? Zumindest nach seinem Äußeren zu urteilen, trug das Gebäude die Bezeichnung »Schloss« zu Recht. Das breite über und über mit wildem Wein zugewachsene Gebäude, ein Dornröschenschloss. Nur der Eingang war freigehalten worden. Er zeugte von den architektonischen Einflüssen der Jahrhundertwende, einer freundlich-fröhlichen Mischung aus Neogotik und Jugendstil. Das Mittelgebäude war rechts und links von einem halbrunden Turm flankiert und dieser jeweils von einer allerdings recht stumpfen, wegen der bauchig ausfallenden Basis an einen Zwiebelturm erinnernden Haube gekrönt. In jedem Fall, an ein Schloss konnte man erinnern werden. Mit leicht kafkaeskem Einschlag.

Was mich verunsicherte, war das Schild, das rechts neben dem Eingangsportal befestigt war. Ich las: »Zentrum für Nervenheilkunde«. Wie ich später erfuhr, diente das Schild als Ersatz für den Schriftzug über dem Eingang »Psychiatrische und Nervenklinik der Charité«. Ein Schriftzug in ähnlich goldenen Lettern gehalten wie jener am Eingangsturm des Klinikums, jetzt aber unsichtbar, da von den Blättern des Weins überdeckt. Unter dem missverständlichen Begriff der Nervenklinik hatte man wohl die Klinik für Neurologie verstanden. Oder auch mehr. Ob ich das gut fand? Nein! Jahrzehnte lang hatte die Disziplin der Neurologie gerade in Deutschland damit zu kämpfen, sich von den Klammern anderer Fächer, speziell der Inneren Medizin, der Psychiatrie oder gar der Neurochirurgie zu befreien. Und hier war man offensichtlich geradezu stolz, mit dem Begriff der

Nervenheilkunde alle »Nervenfächer« unter einem Dach und eng zusammenarbeitend zu haben.

Mein Blick wanderte vom Schild zurück zum Gebäude und seinem repräsentativen Treppenaufgang. Das sollte also meine neue Residenz werden.

Links vor der Freitreppe in verwildertem Umfeld war auf einem angestaubten Sockel aus rotem Granit, Rosengranit vielleicht ägyptischer Provenienz, von glorreichen Zeiten träumend die ehrwürdige, von dunklen Korrosionsflecken überzogene Bronzebüste des Wilhelm Griesinger aufgestellt, eines jener ersten Überväter, auf den diese Klinik ihren Stolz gründete. Er blickte mich mit seinem mächtigen Backenbart streng an, so als wolle auch er bedeuten, was willst denn du hier, störe die Ruhe nicht. Von Griesinger stammt die Überzeugung, Geisteskrankheiten seien Gehirnkrankheiten. Das mochte wohl stimmen, hatte vor allem die Entwicklung der Psychiatrie vorangetrieben, indem sie endlich auf ein mehr naturwissenschaftliches Podest gehoben wurde. Magnetismus, Schleudertherapie und was es sonst noch an Erstaunlichem und Erschreckendem in der Psychiatrie gegeben hatte, waren endgültig aus dem Therapieplan gestrichen worden. Ich war aber der Auffassung, dass solche Weisheiten der Befreiung der Neurologie aus den Klammern der Psychiatrie, auch in der öffentlichen Wahrnehmung, nicht gutgetan haben. Wie würde es wohl unter dem Dach dieses Hauses gehandhabt?

Wir nahmen die fünf Stufen der Freitreppe zur Eingangstür, an der ein Emailschild mit dem Hinweis »Ziehen« festgeschraubt war. Die Tür ließ sich also nur nach außen öffnen, was für eine Eingangstür ungewöhnlich ist. Wahrscheinlich handelte es sich um Vorschriften aus preußischer Zeit, die für alle öffentlichen Gebäude zu gelten hatten, in denen sich viele Personen aufhalten. Panikprophylaxe. Beim Öffnen mussten wir deshalb ein, zwei Schritte zurücktreten, was zu einer leichten körperlichen Kollision mit meiner Begleitung führte.

»Oh, Entschuldigung!«

Ziehen, Professor Theodor Ziehen, war auch der Name jenes Mannes, der sich – er wäre lieber Philosoph geworden – Anfang des 20. Jahrhunderts als Leiter in diese Klinik verirrt hatte. Er war mit den vielen organisatorischen Aufgaben der jungen Klinik – der moderne Bau war erst kurz vor seinem Amtsantritt eröffnet worden – überfordert. Zumindest bat er nach einigen Jahren um den ungewöhnlichen Schritt seiner Entlassung. Einige schätzten ihn wegen seines positiven und innovativen Einflusses auf die Klinik. Aber schließlich musste man ihn vergrault haben. Er flüchtete nach den wenigen Dienstjahren gen Westen, aus dem er gekommen war, der damals wohl noch nicht so genannt wurde. In der Klinik munkelte man seither, er hätte sein Namensschild in Ermahnung und Erinnerung an der Tür belassen. Niemand hätte seither gewagt, es abzuschrauben.

Wie würde es mir ergehen? Käme auch ich in die Situation, nach kurzer Zeit um Entlassung bitten zu müssen?

In der Eingangshalle weitere Stufen hoch vorbei an Bildern und Büsten ehemaliger Ehrwürden der Klinik. Die glänzenden Zeiten der Charité und auch oder gerade der Nervenklinik lagen gewiss 100 bis 150 Jahre zurück, und was danach einen Namen gehabt hatte oder der Klinik den entsprechenden Ruf hätte verleihen können, war größtenteils während des Nazi-Regimes ermordet oder günstigstenfalls vertrieben worden. Und während der 40 Jahre DDR mangelte es an inspirierendem Austausch mit der Wissenschaft im Westen.

Die Ahnengalerie war nicht vollständig, etliche jüdische Professoren fehlten. Auffällig eine Ecke der Halle, in der einsam ein leeres Podest stand. Einst soll es die Büste des Carl Westphal getragen haben, jenes hochgeschätzten Nachfolgers von Wilhelm Griesinger. Man hatte es damals vor dem Eingang der Klinik gegenüber jenem von Griesinger aufgestellt. Seine jüdischen Wurzeln sollten Westphal jedoch noch post mortem zum Verhängnis werden. Die wildgewordenen Kleinbürger des Nationalsozialismus hatten nichts Besseres zu tun, als seine Büste samt Podest zu entsorgen, wie und wohin, blieb lange Zeit ein Geheimnis. Dann wurde ein Podest endlich gefunden, als das vermisste identifiziert und in der Klinik wieder aufgestellt. Gut so. Nach der Büste des Carl Westphal wird noch gesucht, sie bleibt verschollen. Man sagt, sie sei eingeschmolzen worden.

Direktoren und Leiter

Mein Begleiter gab mich bei dem gegenwärtig amtierenden Direktor der Nervenklinik, Professor v. T., ab, um nach einigen, mehr geflüsterten Bemerkungen schnell wieder zu verschwinden. Der Empfang gestaltete sich, wie nicht anders zu erwarten, in, wie man so sagt, angespannter Atmosphäre. Dies, obwohl es nicht mein erster Besuch gewesen war und man sich im Laufe der Annäherungsversuche beider medizinischen Fächer in Ost- und Westberlin kurz nach der Maueröffnung mehrmals getroffen und gesprochen hatte. Wir waren uns also keine Unbekannten.

Jetzt aber war die Situation eine völlig andere. Jetzt kam jemand, mehr oder weniger aus heiterem Himmel, mit dem Auftrag, offensichtlich mit allen Befugnissen, das Amt der Leitung der Neurologie, wenn auch nur vorübergehend, zu übernehmen. Der Direktor war wohl nicht gefragt oder nicht ausreichend informiert worden.

Seine wirkliche Position und der Umfang seiner Kompetenzen blieben mir unklar, vielleicht wollte ich sie auch nicht so genau kennen. Von seinem Fach her war Herr v. T. Professor für Kinder- und Jugendpsychiatrie und -neurologie. Er vertrat aber die Auffassung, dass er im Wesentlichen die anderen Nervenfächer, also die Neurologie und die Psychiatrie des Erwachsenen ebenso beherrschte. Das konnte nach meiner Vorstellung kaum möglich sein, und damit kündigte sich ein Konfliktstoff an, der mich bis zu meinem Abschied aus der Charité begleiten sollte.

Ich hatte meine Ausbildung in der strengen Trennung zwischen den Fächern Neurologie, Psychiatrie für Erwachsene und solche für Kinder erfahren. Zu unterschiedlich, zu umfangreich waren die Anforderungen der einzelnen Fächer. Jedes hatte deshalb sein eigenes Budget, seinen eigenen Stellenplan, seine klaren Zuständigkeiten. Und dies besonders ausgeprägt an universitären Kliniken. So wollte ich es auch hier handhaben. Wie aber, wenn sich jemand wie jener, dessen Raum ich gerade betreten durfte, aus alter Gewohnheit, vielleicht auch der Geschichte dieser Nervenklinik verpflichtet, für alles zuständig hielt, sozusagen die letzte, alles entscheidende Instanz der Klinik war?

Der Direktor residierte in einem Zimmer, einem Raum, so groß, dass ich ihn fürs Erste kaum überschauen konnte. Das mochte auch am Licht gelegen haben, das aufgrund der schweren, staubgrauen Vorhänge nur gebrochen eindringen konnte. Links neben der Tür, durch die ich hereingeführt worden war, hing über einer Couchgarnitur eine im Durchmesser bestimmt einen Meter messende Lampe, eher ein Leuchter, dessen breiter Rand mit gerafftem, gelblichem, von der Zeit ermattetem Seidenplüsch ummantelt war. Nach meinen Sehgewohnheiten hätte er eher zu dem Speisezimmer einer Beletage, etwa des ausgehenden 19. Jahrhunderts am Kürfürstendamm, weniger zu dem Arbeitszimmer eines Ordinarius der Charité gepasst. Um eine Erstausstattung der Klinik konnte es sich jedenfalls nicht gehandelt haben. Dann wäre er mit Sicherheit nüchterner ausgefallen. Also irgendwo ab- und hier wieder aufgehängt, umfunktioniert.

Der Professor hatte sich in seinem Arbeitszimmer mit der Ausstattung eines Wohnzimmers eingerichtet. Warum nur? Oder warum auch nicht? War das aus der Not geboren? Oder fühlte er sich damit wohler als Zuhause? Ja, vielleicht waren manche Möbel Geschenke gewesen, die, gut gemeint, von Freunden, dankbaren Patienten oder Kadern der Produktion abgegeben worden waren und die nicht abgelehnt werden konnten. Die Art meiner Begutachtung und nachfolgenden Schlüsse entsprang wohl der allgemeinen Überheblichkeit der Westberliner und Westdeutschen, die uns in den Neuen Bundesländern in kürzester Zeit die abschätzige Bezeichnung eines Besserwessis eingebracht hatte. Ich muss hier richtigstellen, dass wir Berliner aus dem Westteil der Stadt uns nicht Westberliner, sondern Berliner nannten und keinesfalls etwas mit den Wessis, die in Westdeutschland wohnten, gemein haben wollten. Ein Besserwessi wollte ich auf keinen Fall sein, ich kam doch aus Berlin, aus nächster Nachbarschaft, und mit den besten Absichten. Ganz dagegen wehren konnte ich mich wohl auch nicht. Warum sollte sich der Direktor nicht eine gemütliche Besprechungsecke mit Sofa, Sesseln und Couchtisch einrichten dürfen? Es waren meine Sehgewohnheiten, die von diesem Ambiente überfordert waren. Keine Frage, dass ich zu den Besserwessis gerechnet werden und als solcher auch wahrgenommen werden musste.

Nachdem sich meine Augen an die Dämmerung gewöhnt hatten, blieb wenig Gelegenheit, mich weiter umzusehen. Der Klinikdirektor, groß, schlank, mit breitem, Selbstsicherheit signalisierendem Gesicht, dazu mit dem üblichen sportlichen Bürstenschnitt, war inzwischen hinter seinem massiven Schreibtisch aufgestanden, dessen Schubladenteile mit barocken Leisten verschönert waren. Er trat, die Schultern leicht in Kampfstellung angezogen, ungewöhnlich nah an mich heran. So nah, dass ich mich physisch unwohl, fast bedroht fühlte. An eine französische Begrüßung mit Wangenberührung oder an einen sozialistischen Bruderkuss war sicher nicht gedacht. Er hätte auch erfolgreich zuschlagen können.

»Guten Tag erstmal«.

Aha, die erste Zurechtweisung. Hatte ich wirklich vergessen zu grüßen, als ich hereingeführt wurde? »Ja, guten Tag.«

Dann drückte er mir, wie nach dem Bürstenschnitt zu erwarten, derart fest und, weiß nicht warum, anhaltend die Hand, dass ich während der Dauer des anschließenden Gesprächs wusste, wo ich mich befand. Die Kraft des Händedrucks soll nach Studien etwas über die Lebenserwartung des Betreffenden aussagen. Danach war mir klar, dass er wesentlich älter werden durfte als ich.

»Sie werden sicher vom Dekanat geschickt. Nehmen Sie doch bitte Platz, dort auf dem Sofa.«

Ich folgte. Und schon durfte ich die Erfahrung machen, die jener glich, die ich vor einigen Tagen im Vorraum des Dekans gemacht hatte. Ich wurde klein, sank so tief in die durchgesessenen Polster, dass ich kaum noch über meine Knie und den vor mir stehenden großen Couchtisch blicken konnte. Dafür zog die, denke ich, einst weiße Tischdecke die Aufmerksamkeit auf sich, die an ihren Rändern mit feinem Hohlsaum verschönert war. Meine Großmutter mütterlicherseits verstand sich noch in dieser aufwendigen Technik der Handarbeit.

Der Klinikdirektor zog es vor, auf einem der drei Sessel Platz zu nehmen, die, wie schon am Polster erkennbar, von einer anderen Garnitur stammen mussten. So saß er auch etwa einen Kopf höher als ich, was keinen Zweifel aufkommen ließ, wer hier das Sagen hatte oder überzeugt war, es zumindest bis jetzt gehabt zu haben. Außerdem traf das von den Fenstern eindringende, schwache Tageslicht seinen Rücken, sein Gesicht lag damit mehr oder weniger im Schatten. Ich konnte jedenfalls an seiner Mimik nur schwerlich erkennen, was in ihm vorging. Während des folgenden Gesprächs schaute er im Raum umher, so als ob er nach etwas suchen würde. Mir genehmigte er nur gelegentlich Blickkontakt.

Was sollte er auch denken? Was hatte das zu bedeuten? Wird hier plötzlich jemand aus dem Westen eingesetzt, ohne sein Wissen? Und mit welchen Befugnissen? Sollte man ihn tatsächlich erstmals in seinem Direktorenleben übergangen haben? Hatte man ihn, wie es schien, nicht einmal ausreichend informiert? Was kündigte sich mit mir an? Wie stabil war der eigene Stuhl, auf dem er schon so lange und so sicher und so unbeschwert gesessen hatte? Könnte dieser Stuhl etwa brüchig werden oder gar zusammenbrechen? Und war ich der Holzwurm, der unheimliche Vorbote? Was sollte meine tatsächliche Aufgabe sein? Wie gefährlich konnte ich ihm werden?

»Sie müssen verstehen, wir hatten schon vor einigen Wochen einen Leiter für die neurologische Klinik gewählt«, begann er, »es ist der Kollege, der wirklich alle Gebiete der Neurologie exzellent beherrscht. Ich bin deshalb etwas überrascht und muss gestehen, dass ich über diese Entscheidung des Dekanats nicht entsprechend in Kenntnis gesetzt worden bin.«

Nicht zu überhören: Er sprach fortwährend vom Dekanat, nicht vom Dekan.

»Wenn überhaupt, so haben wir erst für nächste Woche mit Ihrer Ankunft gerechnet. Sie mögen entschuldigen, aber wir sind deshalb nicht ausreichend vorbereitet.«

Das widersprach sich, war nicht die Wahrheit, da dürften wir beide uns einig gewesen sein. Dieser angeblich gewählte Leiter oder designierte Direktor der neurologischen Klinik, von dem er gesprochen hatte, war nämlich wegen seiner bekannt gewordenen »Belastung« – so nannte man inzwischen die allzu systemnahe Arbeit mancher Mitarbeiter – schon im Begriff, das Weite zu suchen, freiwillig der Charité den Rücken zu kehren, bevor man ihm die Schmach einer Entlassung, möglicherweise auch mit Hausverbot, zugemutet hätte. Ihm sollte ich in den nächsten Tagen noch ein paarmal in den Gängen der Klinik begegnen. Es reichte dann für eine jeweils kühle, leicht betretene Begrüßung. Und ich fand kein Bedürfnis, nach den Beweggründen zu fragen, warum er die Klinik verlassen wollte. Hatte auch Bedenken, ob ich überhaupt die richtige Auskunft bekommen hätte. Dann war er eines Tages verschwunden, um anderswo einen leitenden Posten zu übernehmen. Genaue Auskunft, was die

Ursache seines plötzlichen Abgangs war, konnte oder wollte oder wagte mir niemand zu geben.

Was ich aber einige Monate später ergänzend erfuhr, ist eine eigene Geschichte. Für die Leitung der Neurologischen Klinik war eigentlich ein anderer an der Klinik arbeitender Kollege vorgesehen oder möglicherweise schon gewählt worden. Wie eine solche Wahl vor sich ging oder in seinem Fall vor sich gegangen war, konnte mir niemand sagen. Nur so viel: Die Entscheidung habe das Leitungsgremium der Nervenklinik gefällt. Traf das zu, dann wäre es eine sogenannte Hausberufung gewesen. Das heißt, jemand bekommt die Leitung übertragen, der schon am Hause gearbeitet hat. Für eine Klinik mit dem Status einer Universität und dazu noch mit dem Nimbus der Charité ein gänzlich ungewöhnlicher Vorgang. Hier wäre nur die Berufung eines Bewerbers aus einer anderen Klinik oder besser noch aus einer anderen Stadt und Universitätsklinik infrage gekommen. Fakt war, dass die Klinik für Neurologie schon seit drei Jahren über keine offiziell eingesetzte Leitung mehr verfügte. Man hatte sich gegenseitig eingesetzt oder man hatte sich etwas versprochen. Inwieweit die ärztliche Leitung oder das Dekanat der Charité in diese Entscheidungen einbezogen war, ist unklar. In jedem Fall erfolgten solche Ernennungen mit dem Segen eines Karl Seidel, alias IM Fritz Steiner, jenes Professors für Neurologie und Psychiatrie aus dem ZK. Der aber wiederum war ein Jahr vor meinem Erscheinen aller seiner Ämter enthoben worden. Man könnte die so entstandene Situation auch als ein Leitungschaos bezeichnen.

Besagter Kollege war kein Unbekannter. Noch im April 1989 war ihm von der wissenschaftlichen Studentenkonferenz der Charité ein Preis für seine vorzügliche Lehre verliehen worden, ein Prädikat, das ihn zumindest für einen Lehrauftrag prädestiniert hätte. Den Berichten von Kollegen nach zu schließen, musste der Sohn des Betreibers einer Gastwirtschaft im Sächsischen in seiner Jugendzeit eine lockere Zunge gehabt und bald ungezügelt gegen das SED-Regime gestänkert haben. Als es dem Regime dann zu bunt geworden sei, habe man den jungen Mann wegen antisozialistischer Hetze in Arrest gesteckt. Vielleicht hatte man ihn auch, wie nicht unüblich, in den von dem russischen General Michail Malzew geführten und gefürchteten, nahe gelegenen Wismut-Gulag gebracht. In der Klinik kursierten verschiedene Geschichten, Genaueres wusste man nicht. Jedenfalls musste man damals auf die besondere Wachheit und Gewandtheit des jungen Mannes aufmerksam geworden sein. Man bot ihm Straffreiheit an, vorausgesetzt er würde sich zu einer Zusammenarbeit mit den Staatsorganen entschließen.

So wurde aus ihm möglicherweise ein IM oder vielleicht auch mehr. Und wenn es so gewesen wäre, hätte es sich um eine der nicht unüblichen, fiesen Erpressungen der Stasi gehandelt. Man förderte den nunmehr als treu eingestuften Diener des Staates und ermöglichte ihm das Medizinstudium. Wie er die herausgehobene Stellung in der Psychiatrie und Nervenklinik der Charité erlangt haben konnte, blieb für mich im Dunkeln. Jedenfalls soll er mit jenem Nervenarzt Professor Karl Seidel, einer schillernden Person, zwischendurch Direktor der Nervenklinik, dann wieder Leiter und mächtiger Mann der Abteilung Gesundheitspolitik des Zentralkomitees der SED, mit jenem Karl Seidel, der seit Jahren seinen alles entscheidenden Schatten über die gesamte Klinik geworfen hatte, gut bekannt, vielleicht auch befreundet gewesen sein.

Dieser Kollege, ein eloquenter, neurologisch kompetenter und, wie es heißt, leutseliger, dabei auch leicht distanzgeschwächter Mann, groß, Bauchansatz, fiel dadurch auf, und das war kein Geheimnis, dass er ebenso wie seine Frau oder eine seiner als zahlreich bezeichneten Bekanntschaften jederzeit in sogenannte nicht-sozialistische Länder reisen konnte. Sogar nach Westberlin, was als besonders schwierig galt und auf ganz eigene Privilegien schließen ließ. Wie war das möglich? Was wollte er dort? Oder arbeitete er in einem bestimmten Auftrag? Die Zahl der sogenannten Reisekader an der Charité war, um den Überblick zu behalten, kontingentiert. Und was ihre Auswahl speziell für das nicht-sozialistische Ausland anbelangt, so ließ man besondere Vorsicht walten. Nach Westberlin fahren zu können, war eben noch mal schwieriger. Egal, was der Arzt unternahm, man ließ es geschehen. In der Klinik hinterfragte man es nicht. Er musste jedenfalls über ausgezeichnete Beziehungen zu jenen dort oben verfügen. Dass er Berichte über Personen, die er drüben besuchte und von denen er sich gerne einladen ließ, anfertigte oder anfertigen musste, ließ er bei Gelegenheit durchblicken. Er lobte dort die Verhältnisse in der DDR, beklagte aber offen die schlechte Ausrüstung seiner neurologischen Intensivstation. Bei Gelegenheit nahm er dann gerne einen größeren Packen mit Infusionsbesteck an, das man ihm aus den Klinikbeständen freundschaftlich zugesteckt hatte.

Eine Gefahr für einzelne Mitarbeiter der Nervenklinik an der Charité, so hatte man dort den Eindruck, schien nicht von ihm auszugehen. Sicher war man nicht, man konnte sich auch getäuscht haben.

In der Klinik wurde der Kollege schon wegen seiner regen Reisetätigkeit gerade in den letzten Jahren nicht häufig gesehen, und die notwendigen Visiten mit ihm auf den Krankenstationen erfolgten entsprechend selten. Von den Stationsärzten wurde das nicht unbedingt als Mangel empfunden. Im Gegenteil, man konnte selbstständiger arbeiten, vielleicht auch tun und lassen, was man wollte. Ob darunter die notwendige Ausbildung gelitten hatte, stand auf einem anderen Blatt. Man konnte davon ausgehen.

Etwa zwei oder drei Monate vor dem Mauerfall soll sich dieser Arzt von der Sekretärin den Kaffee in sein Arbeitszimmer haben bringen lassen. Ein Arbeitszimmer, in das man übrigens auch über die schon beschriebene schallreduzierende, braune Polstertür mit den Ziernägeln gelangte. Der Kaffee, unangerührt, soll noch gedampft haben, auf dem Tisch soll sein Charitéausweis gelegen haben, als seine Sekretärin einen Anruf von ihm erhielt. Er sei gerade mit seiner Partnerin in Westberlin angekommen und habe vor, dort zu bleiben, werde also nicht mehr zurückkehren. Sie solle doch alles Notwendige regeln. Die Klinik war geschockt. Er hatte doch alle Privilegien dieses Staates genießen können. Warum dann rüber machen?

So gehörte er zu den zahlreichen Ärzten, die kurz vor und dann gehäuft nach dem Mauerfall der Charité den Rücken gekehrt hatten. Was die Motive für solch eine Art der Flucht gewesen sein konnten, darüber gab es verschiedene Mutmaßungen und Gerüchte. Manche Ärzte hofften auf einen besseren Verdienst im Westen. Andere, und dazu gehörte wohl der von der Studentenkonferenz ausgezeichnete Arzt, ahnten möglicherweise, dass ein Zusammenbruch des Systems unmittelbar bevorstand und ihnen in der Folge die sofortige Entlassung drohte.

Vielleicht war ihm auch Folgendes zugetragen worden. Der bisher geduldete, als schwunghaft, da recht lukrativ zu bezeichnende Schwarzmarkthandel mit Computern aus dem Westen, den sein bisheriger, höchst einflussreicher Förderer, der schon erwähnte Professor Karl Seidel, betrieben hatte, war von der Staatssicherheit längere Zeit beobachtet worden. Eine Weile hatte man seinen Devisenschmuggel im Hinblick auf sein hohes Amt stillschweigend hingenommen. Schließlich war das Fass der Dreistigkeit wohl übergelaufen. Jedenfalls war Professor Seidel trotz seiner staatstragenden Position dann doch auf die schwarze Liste der SED gelangt und landete tatsächlich wenige Wochen nach dem Mauerfall in Untersuchungshaft. In Haft der zu dieser Zeit gerade noch existierenden DDR. Möglicherweise wollten sich Staat und Anwälte so kurz nach der Wende noch schnell dem neuen Rechtsempfinden zuwenden. Nur um die Hände rein zu waschen, die eigene Haut zu retten?

Die Erfahrung, dass ein bis dahin als unantastbar geltender Mann, dazu Professor der Nervenheilkunde, einflussreiches Mitglied der SED, im Knast landen konnte, hatte zu erheblichen Irritationen bei ausgewählten Ärzten der Nervenklinik geführt. Vielleicht war auch der gerade geflüchtete Kollege an diesem Handel mit Computern beteiligt oder wusste davon? Ein weiteres Gerücht erzählte, dieser Arzt sei mit einem besonderen Auftrag nach Westberlin abkommandiert worden. Aber mit welchem denn?

Der nach dem unvermittelten Verschwinden dieses Arztes als Ersatz vorgesehene andere Kollege der Klinik war also, wie beschrieben, ebenfalls, und dies aus begreiflichen Gründen, auf Absprung. Es drohte die neuerliche Vakanz der Leitung. Diese zu füllen, so ganz offensichtlich die Absicht des Dekans, diese Aufgabe sollte mir zufallen. Eine Arbeit an allen Fronten mit vorprogrammierten Konflikten. Langsam hatte ich verstanden. Erschwerend kommt hinzu, dass Kliniken oder Betriebe allgemein, wenn sie längere Zeit ohne eindeutige Führung dagestanden haben, ein Eigenleben entwickeln, das der endlich eingesetzte Leiter, etwa so wie ich, nicht ohne Hindernisse mit frischer Luft beatmen kann.

»Wichtig ist von vorn herein«, so fuhr der Klinikdirektor fort, »und Sie verstehen, das möchte ich doch respektiert wissen, dass wir im Sinne Griesingers«, das war der Herr, dessen Büste mich vor dem Haus wenig freundlich begrüßt hatte, »eine große Familie in der Nervenklinik sind, also eine Neurologie, eine Psychiatrie und eine Nervenklinik für

Kinder. Und wie Sie sehen, alles unter einem Dach. In jedem Fall wird hier erfolgreich versucht, sach- und fachgerecht, immer im Sinne des Ganzen zu entscheiden.«

Sach- und fachgerecht. Diese Zauberformel, diese so nichtssagende wie entwaffnende Hülse, sollte ich noch häufiger zu hören bekommen.

»Entsprechend verhalten sich alle meine Mitarbeiter hier«, ergänzte Professor v. T.

Was mein Gegenüber damit ausdrücken wollte, erschloss sich mir in seiner vollen Konsequenz erst später. Zumindest ließ sich aus den Äußerungen unschwer entnehmen, es seien seine Mitarbeiter, er sei weiterhin der alleinig Weisungsbefugte über das gesamte Haus. Letztlich hätte ich mich seinen Entscheidungen zu fügen. Möglicherweise sei ich auch verpflichtet, regelmäßig zum Rapport zu erscheinen.

Um hierarchischen Konflikten aus dem Weg zu gehen, entschied ich, mich nicht Direktor, sondern Leiter der Neurologie zu nennen. Das erschien etwas bescheidener, ohne offensichtlichen Führungsanspruch. Entsprechende Vorgaben von der Verwaltung der Charité, was mein Titel sein sollte, hatte es nicht gegeben.

»Wenn Sie einverstanden sind, werde ich Sie zur Mittagsbesprechung, die findet übrigens um 14.00 Uhr statt, bei den Mitarbeitern der Klinik vorstellen.«

»Sehr gern. Vielen Dank!«

Ich wurde nicht gefragt, ob ich von drüben geschickt worden, warum ich hierhergekommen sei oder was ich hier vielleicht vorhätte, welche Pläne ich verfolgen würde, ob ich vielleicht auch Wünsche hätte, ob man mir behilflich sein könnte.

Er ließ jemanden rufen, den er als den Verwaltungsleiter der Klinik, Herrn Gräber, ankündigte. Herr Gräber erschien alsbald. In einen sauberen, weißen Kittel gekleidet, sodass man ihn kaum von Ärzten unterscheiden konnte, trat er nah an mich heran und begrüßte mich per Handschlag. Als ob wir alte Bekannte wären.

»Wo kann denn unser Gast«, so nannte der Direktor mich also, »unterkommen, ich meine, ein Zimmer finden?«

»Oh, das ist schwierig. Das ist schwierig. Die Klinik platzt ja, wie wir wissen, aus allen Nähten. Wir können uns ja vor der Bewerbung guter Leute kaum retten«, antwortete jener. Mir schien, wie abgesprochen. Ich musste mich auch fragen, woher er die Zahl der Bewerbungen kannte und woher er wusste, dass sie so gut waren.

»Ich werde mich aber im Haus sofort nach einer vorübergehenden Bleibe für den Herrn umschauen.«

Für den Herrn! Immerhin! Dass etwa alle Räume besetzt seien, konnte bei dem jüngst abgelaufenen personellen Aderlass kaum der Wahrheit entsprechen. Jedenfalls ließ sich aus den Bemerkungen entnehmen, dass sich die beiden bisher recht gut verstanden und, was meine Ankunft anbelangt, schon vorher abgesprochen hatten. Ich konnte mir jetzt auch vorstellen, dass in einem DDR-Regime der eine durchaus als unerkannt bleibender, der andere als offizieller Zuträger oder als inoffizieller Mitarbeiter der Staatssicherheit fungierte. Aber heute, welchem Staat sollte jetzt noch Meldung gemacht werden, und wenn, über wen und was? Jedenfalls bekam ich den Eindruck, dass alte Netzwerke innerhalb der Charité sehr wohl noch funktionierten, noch am Leben waren. Höchste Vorsicht war also geboten!

Beide Herren schienen sich noch unsicher, ob der Gast, so ungebeten wie er war, vielleicht nur ein oder zwei Wochen oder zu allem Unglück noch länger bleiben würde. Ich vermied jeden Kommentar, hielt den Mund. Natürlich wollte ich, wenn schon bis hierher gelangt, länger bleiben und auch durchhalten. Gleich, was da kommen sollte.

Die Zelle

Der Verwaltungsleiter, manche in der Klinik nannten ihn auch Hausmeister, seine genaue Funktion blieb mir bis zu seinem Abgang unbekannt, führte mich schnellen Schrittes zu meinem ersten Zimmer, in das ich nach der von ihm und von anderen mir Unbekannten getroffenen Entscheidung einziehen durfte. Es schien schon längere Zeit unbewohnt. An der braun gestrichenen Tür ließen unterschiedliche Spuren erkennen, dass das Schloss mehrmals hatte ausgewechselt werden müssen. Auch die Klinke aus Leichtmetall hatte von der Farbe der Tür etwas abbekommen.

Zwei Besonderheiten waren auffällig, darüber ließ sich nun nicht hinwegsehen. Einmal ein kleines, durchgehendes Loch unmittelbar neben der Klinke. Ursache unbekannt. Und dann eine weitere, etwas ausgefranste Öffnung. Eine Handbreit weiter rechts gelegen, unübersehbar, da ziemlich groß, ich schätze mal im Durchmesser drei oder vier Zentimeter. Es hätte jedem, der mehr wissen wollte, Blicke in das Zimmer ermöglicht. Um solches Kontrollbedürfnis zu befriedigen, hätte man sich allerdings auf Schlüssellochebene bücken müssen. Peinliche Körperstellung. Ob der Verwaltungsleiter mein Unbehagen bemerkt hatte?

»Sie müssen schon entschuldigen«, meinte er, »aber in der Kürze ist sowas nicht so schnell zu machen gewesen.«

Was nur ›sowas zu machen‹ heißen sollte?

»Verstehe, aber gibt es denn einen Schlüssel zu dieser Tür?«

»Ach, Schlüssel? Ja, den gibt es, soviel ich weiß, zu dieser Tür nicht. Aber ganz klar, ich will mich so schnell wie möglich um den Einbau eines Schlosses und natürlich um die passenden Schlüssel bemühen. Will mal sehen, was wir auf Lager haben. Würde ein Schlüssel reichen? Sie müssen aber mit einer Woche rechnen. Benötigen Sie sonst noch was?«

Wir hatten das Zimmer betreten: »Ja, vielleicht eine weitere Sitzgelegenheit, einen Stuhl, falls mich jemand besuchen will, ein Patient oder so. Aber vielen Dank erstmal.«

Weitere Diskussionen vermeidend, verschwand der Hausmeister. Die Tür schloss er auffallend leise.

Ich hatte vorsorglich alles mir notwendig Erscheinende mitgebracht, Schreibutensilien, Papier, auch einen Arztkittel und was ein Neurologe noch so braucht oder brauchen könnte. Der Arztkittel war zwar mit der Aufschrift meiner Klinik im Westen versehen, das wollte ich aber, um aufkommende Konflikte zu vermeiden, mit Heftpflaster oder so überkleben. Im Laufe der nächsten Tage und Wochen sollte meine Transporttasche immer voller werden. Bald reichte ihr Fassungsvermögen nicht mehr aus. Nun musste mich täglich ein kleiner schwarzer Reisekoffer begleiten.

Oh Schreck! Hier war ich also angekommen. In einem Zimmer der Größe von etwa zwei Toiletten – ich komme auf diesen Vergleich, weil wenige Jahre später in eben diesem Zimmer eine Toilette eingebaut werden sollte –, etwa drei mal drei, vielleicht auch drei mal vier Meter messend, also doch mehr oder weniger quadratisch. Da sich die Decke in geschätzten vier Metern Höhe befand, wirkte das Zimmer noch etwas kleiner. Und das in einer Klinik, die mit Hallen, Räumen, Fluren und Fluchten großzügig ausgestattet war. Etwa bis Mannshöhe waren die Wände mit einer lackartigen, grünlichen Farbe gestrichen, was mich zu weiterem Grübeln veranlasste. Zur Verbesserung der Atmosphäre im Raum trug der Anstrich nicht bei.

Entweder war mir so heiß oder es war die Hitze. Tief durchatmen verbot sich schon wegen des unbekannten Reinigungsmittels, das die Luft beherrschte. Ich traute dem Mittel noch nicht. In einer Zelle, einem Stall, ja das war es, offen zugänglich, aber doch eingesperrt.

Ich fühlte mich beobachtet.

Das Inventar der Zelle bestand aus einem Tisch, einem Stuhl und einem orangefarbenen, mit Tasten ausgestatteten Telefon. Immerhin. Aber sonst weiter nichts. Doch, neben dem Tisch gab es noch ein hüfthohes Regal mit zwei Regalbrettern. Der kleine Arbeitstisch zeigte die gleiche Farbe wie die Eingangstür. Die eingetrockneten Farbstreifen des Pinsels mochten auf ein ziemlich zähes Material hinweisen, das hatte verarbeitet werden müssen. Ich zog an dem einzigen Komfort des Tisches, an einer Schublade. Darin ein kleines ungeordnetes Bündel von Papieren, teilweise beschrieben. Sie wollte ich ohne Durchsicht sogleich entsorgen. Der dafür notwendige Papierkorb fehlte. Also dann erstmal wieder zurück und in die Schublade.

Der Schreitisch entpuppte sich als lebendig. Wollte ich mich auf ihn stützen, wollte etwas schreiben oder nachlesen oder einfach nur nachdenken, bog er sich langsam, die Form eines Parallelogramms annehmend, nach links, wenn ich mein Gewicht zur linken Hälfte der Tischplatte, nach rechts, wenn ich es zur rechten Seite verlagerte. Ich schob deshalb den Tisch zur Wand. Mit dem Fenster im Rücken konnte er sich nur noch nach rechts neigen, zum Raum hin. Das vermied ich dann natürlich. Dies sollte mein erster verändernder Eingriff in der Klinik für Neurologie gewesen sein.

Die vier Beine des Stuhls vor dem Tisch waren komfortabel mit Rollen ausgestattet. Ich beschloss nach einigen Versuchen, die verschiedenen Funktionen des Stuhls nicht weiter kennenlernen zu wollen. Er entschied, ob ich tief sitzen sollte und kaum über den Schreibtisch blicken konnte. Oder umgekehrt.

Immerhin war ein Waschbecken vorhanden, was mich bei der sonstigen Ausstattung des Raumes verwunderte. Jetzt hatte ich doch das Bedürfnis, meine Hände zu waschen. Der orangefarbige Hahn aus Kunststoff gab Wasser zunächst nicht frei, soweit ich ihn auch aufdrehte. Doch dann kam es gleich eines Sturzbaches herausgeschossen. Die Hose würde sicher schnell wieder trocken werden. Im Raum mochte eine Temperatur von geschätzten 25 Grad herrschen.

Ich ging zum Fenster und wollte einen der großen Flügel öffnen. Er klemmte bedrohlich, schaukelte in den Angeln. Das würde ich dem Hausmeister melden. An den Fensterrahmen klebte die Sorgfalt einer Generation von Malern. Hinuntergeflossene und schließlich gehärtete Farbtropfen, Nasen, wie man sie auch liebevoll nennt, und viele, unterschiedlich weißliche bis beigefarbene Farbkleckse auf den Scheiben, derer sich in der anzunehmend langen Zeit ihres Bestehens wohl keiner mehr angenommen hatte. Auch die Ecken der Scheiben mussten schon seit Jahren kein Fensterleder oder Ähnliches gesehen haben. An der sogenannten Mangelwirtschaft, von der wir im Westen immer wieder gehört hatten, konnte diese Arbeit – War es Schlamperei? – jedenfalls nicht gelegen haben, wagte ich zwischendurch zu denken. Verwarf den Gedanken jedoch schnell wieder, da überheblich und mir keinesfalls gestattet.

Wie ich später erfuhr, wurden in Ermangelung finanzieller Mittel – der Bau des Charité-Turms hatte bekanntlich alles verschlungen – regelmäßig Patienten aus der psychiatrischen Klinik zu sogenannten Malertrupps zusammengestellt. Ihnen fiel die verantwortungsvolle Aufgabe zu, das Gebäude der Nervenklinik farblich zu verschönern. Man sah sie fast wöchentlich. Für die Patienten sicher eine willkommene Abwechslung vom Klinikalltag. Vom Ansatz her auch eine gelungene und zudem sinnvolle Form der Arbeits- oder Beschäftigungs- oder, wie man es später nannte, der Ergotherapie. Leider war die geleistete Arbeit auch dementsprechend. Aber etwas milder, das heißt weniger kritisch, stimmte mich diese Information dann doch.

Dann fiel mein Blick auf die Innenseite der Tür. Jetzt erst sah ich, dass die Sperrholzplatte in Brusthöhe eingedrückt war. Ohne Zweifel, das konnte nur Folge einer Gewaltanwendung sein. Hatte es sich tatsächlich um eine Zelle gehandelt, etwa für unruhige Patienten oder für Volltrunkene, die ihren Rausch ausschlafen sollten? Ich wehrte mich gegen die Vorstellung, der Raum hätte noch jüngst als Ausnüchterungszelle gedient. Dann hätten die Fenster auch vergittert sein müssen. Ich suchte nach entsprechenden Spuren, fand sie aber nicht. Wollte man mich ausnüchtern? »Nehmen Sie doch Vernunft an und verschwinden Sie, so schnell wie möglich!«

Vielleicht wäre es besser gewesen, die Situation etwas neutraler und mehr von der Erlebnisseite zu betrachten. Aber ich hatte zu wenig Abstand, noch. Selbst Schuld. Warum hatte ich mich auch auf dieses Abenteuer eingelassen? Nur, so schlimm hatte ich es mir nun doch nicht vorgestellt.

Es klopfte. Der Verwaltungsleiter oder je nachdem auch Hausmeister brachte mir den gewünschten zweiten Stuhl. Ich nahm dankend an.

»Oh, bitte, Entschuldigung, können Sie mir noch einen Papierkorb besorgen?«

»Bring ich Ihnen. Sonst noch was?«

»Vielen Dank, ich glaube, ich komme jetzt zurecht.«

Neben meiner Zelle, eine Tür weiter, befand sich eine Toilette, wie ich an dem gelegentlich zu vernehmenden Rauschen feststellen konnte. Die Toilette erinnerte mich an jene Wochen meiner Kindheit, die ich im Pfarrhaushalt meiner Großeltern in Husum verbracht hatte, eine schöne, eine angenehme Erinnerung. Auch dort befand sich eine solche Spülung, von mir immer bewundert und deshalb auch häufiger als notwendig bedient. Man zog wie hier an einem Griff aus Porzellan und der Behälter weit in der Höhe ließ das Wasser in das Toilettenbecken rauschen. Nach dem Rauschen hatten die klugen Erfinder dieser Technik die

Toilettenspülung auf den Namen »Niagara« getauft. Die Toilette hier hatte deshalb etwas, was wirklich positive Gefühle auslöste. Und das, obwohl es dort seltsam roch, die Eisenkette gerissen und notdürftig wieder zusammengeknotet war, der Wasserbehälter rostete und überhaupt etwas fehlte, nämlich die Briketts, die in der kalten Toilette meiner Großeltern gestapelt waren. Was das Toilettenpapier anbelangt, so hatte ich für den nächsten Tag entschieden, von zu Hause eine Rolle mitzubringen.

Inzwischen hatte ich meinen Laptop der Firma Schneider ausgepackt, aufgeklappt und auch eine Steckdose gefunden, die Strom förderte. Ich hatte mich zu dieser Anschaffung trotz des Wucherpreises speziell für meine zu erwartenden Aufgaben an der Charité durchgerungen. Er war klein, relativ leicht und deshalb gut transportabel. Bis er jeweils Betriebsbereitschaft erreicht hatte, musste man Geduld haben. Hier wollte ich schreiben, zu Hause dann ausdrucken, falls erforderlich.

Aber hatte ich mir das alles so vorgestellt? Wo sollte ich jetzt mit der Arbeit, mit meinem Einsatz, wenn man das so nennen wollte, beginnen? Was wäre denn als Erstes zu tun? Nein, so lief das nicht, von hier aus konnte ich nicht arbeiten.

Also verließ ich das Zimmer, nahm den Rückweg zum Gebäude der Verwaltung, erreichte zum Glück nach kurzem Bitten den Dekan und schilderte ihm kurz die Situation.

»Ach, wissen Sie«, beruhigte er mich, »das habe ich mir schon gedacht. Selbstverständlich benötigten Sie einen Raum, in dem auch vernünftiges Arbeiten möglich ist. In dem Gebäude gibt es, wie ich sicher weiß«, und was ich selbst vermutet hatte, »viele ungenutzte Räume. Machen Sie sich keine Sorgen, ich werde so schnell wie möglich für eine Lösung sorgen.«

Noch am späten Vormittag, bis dahin hatte ich mich überwiegend in meinem Zimmer aufgehalten und mich mit

Denken und Nichtstun beschäftigt, erschien ein Mann von der Klinikverwaltung, der sich als Techniker vorstellte. In seiner Begleitung der Verwaltungsleiter, Herr Gräber, jetzt nicht mehr in einem weißen, sondern in einem blauen Kittel. Nach der Inspektion entschied er: »Ihr jetziger Raum eignet sich nicht für eine Generalrenovierung. Ich lasse mir von Herrn Gräber geeignete Räume zeigen. Wir werden schon was finden. Sie müssten sich aber noch einige Tage gedulden.«

Das klang zwar ermutigend, hieß aber auch fürs Erste, hier weiter auszuharren.

Techniker und Herr Gräber waren gegangen. Ich stand eine Weile gedankenversunken oder auch -los vor dem Fenster. Mein Blick fiel auf eine Art Park, von drei Seiten mit den Gebäuden der Nervenklinik und von der westlichen Seite von einer höheren Backsteinmauer umgeben. Einst soll die Anlage für die ›ruhigen Geisteskranken‹ vorgesehen gewesen sein. Eine ausgewachsene Platane mit ihrer bunten Borke nicht weit von meinem Fenster versuchte ihr Bestes. Die Pflege des Geländes musste schon vor einiger Zeit aufgegeben worden sein. Die Verantwortung dafür? Weggebrochen. Überwucherte Kieswege, kümmerliche Grasbüschel, Wachstumsversuche weniger Blumen, eine sperrige Sitzbank. Und keine Patienten, für die der Freilauf gedacht war.

Was machen, wenn ich meine Zelle verlassen wollte? Musste ich dann alle Gegenstände, vor allem meinen teuren Laptop, mit mir herumtragen, weil sie aus dem nicht abschließbaren Zimmer hätten entwendet werden können? Ich entschloss mich, zunächst einmal alles im Zimmer zu lassen.

Schließlich, die Zeit musste ja irgendwie genutzt werden, warf ich den weißen Kittel mit überklebtem Herkunftszeichen über und verließ meine Zelle. Streunte ziellos durch die Gänge der Klinik, stieg die Treppen hoch und wieder hinunter. Versuchte auch, in den Hörsaal zu gelangen, in dem ich, davon ging ich aus, zukünftig Vorlesungen zu halten hatte. Die Türen waren verschlossen. Dann unternahm ich eine Runde um das gesamte Gebäude. Das gelang wegen versperrter Wege, die der unmittelbaren Nachbarschaft zur Mauer, der Berliner Mauer, geschuldet waren, nicht in vollem Umfang. Ich vermied, an den Fenstern vorbeizuziehen, hinter denen ich die Räume des ärztlichen Direktors der Nervenklinik vermutete. Zurück im Gebäude, wagte ich mich bis an das Ende der sogenannten Geschlechtergänge, zweier voneinander getrennter, parallel verlaufender Gänge, der rechte einst für das weibliche, der linke für das männliche Geschlecht gedacht. Man hatte es bei der Planung der Klinik für sinnvoll gehalten, Männer und Frauen so früh wie möglich, also schon beim Gang zu den Stationen, zu trennen. Als ich vor den verschlossenen Türen der Stationen stand, zog ich es vor, nicht weiter vorzudringen. Gelegentlich wurde ich gegrüßt, aber von niemandem so wirklich zur Kenntnis genommen. Das war mir aber auch ganz recht. Auf den einzelnen Abteilungen und Stationen wollte ich nicht erscheinen, bevor mich der Direktor, der mich empfangen hatte, der Allgemeinheit vorgestellt hatte.

Zurückgekehrt in meine Zelle, harrte ich bis 14.00 Uhr aus. Zu diesem Zeitpunkt sollte doch die Besprechung der Klinikärzte, die Teamsitzung, stattfinden. Die Sitzung mit meinem ersten Auftritt stand mir bevor. Niemand war auf den Gedanken gekommen, den Neuen, also mich, zur Besprechung abzuholen. Wahrscheinlich wusste der Direktor allzu genau, welch peinlicher Anblick sich ihm geboten hätte, wenn er mich aus meiner jämmerlichen Zelle hätte abholen müssen.

Unruhig geworden, verließ ich unmittelbar vor dem anberaumten Termin meine Behausung und schaute mich um. Wo könnte dieser Besprechungsraum sein? Dann reihte ich mich unauffällig in die Gruppe der Ärzte ein, die zu einem größeren Raum neben dem Aufgang zum Hörsaal strebten. Einige Ärzte kannte ich flüchtig. Man grüßte sich zurückhaltend, erstaunt. Vorsichtig, die jeweiligen Stammplätze respektierend, hatte ich schließlich einen freien Stuhl gefunden. Zuletzt war Professor v. T. erschienen. Er nahm, abgesehen von einem mir zugedachten kurzen Räuspern, zunächst keine Notiz von mir. Man besprach verschiedene organisatorische Dinge. Soweit ich verstand, handelte es sich weniger um Fragen nach Patienten als vielmehr um die Verteilung der Ärzte auf die verschiedenen Stationen und Kliniken. Der Mangel an Ärzten war deutlich erkennbar. Mit einigem Unbehagen konnte ich aus der Diskussion entnehmen, dass etliche Ärzte sowohl auf den neurologischen als auch auf den psychiatrischen Stationen Dienst taten. Es schoss mir durch den Kopf: Das würde ich als Erstes ändern wollen. Das Ganze erinnerte mich an eine Parteiversammlung, obwohl ich die nur aus Büchern oder aus dem Fernsehen kannte. Schließlich, am Ende der Besprechung, so als ob er es fast vergessen hätte, stellte er mich vor.

»Das Dekanat hat übrigens verfügt, dass Herr K. aus Westberlin vorübergehend die Leitung der Neurologischen Klinik, und zwar kommissarisch, übernehmen soll. So lange, bis eine geeignete Nachfolge gefunden ist. Wir sind selbstverständlich auf der Suche nach den Besten, die die Leitung der Neurologischen Klinik übernehmen werden.«

Ich gehörte offensichtlich nicht dazu. Dann durfte ich kurz meine Biographie ergänzen. Und wagte schließlich die Frage, welche Ärzte denn zur Klinik für Neurologie gehörten.

»Wir trennen hier nicht so streng«, wurde ich von Professor v. T. korrigiert, »aber zu Ihrer Information: Gegenwärtig arbeiten diese Ärzte überwiegend in der Klinik für Neurologie.« Dann nannte er einige Namen, die ich mir so schnell nicht merken konnte. Auch wurde ich zuletzt noch den beiden Professoren der psychiatrischen Klinik vorgestellt, die, wie sich zeigte, anwesend, aber bis dahin stumm geblieben waren.

Nach diesem Auftritt bat ich, Professor v. T. war noch im Raum, dass doch bitte jene Ärzte, die sich der Neurologie zugehörig fühlten, nach Abschluss der Besprechung im Raum bleiben sollten. Das war schon ein deutliches Zeichen von Neuordnung oder von Widerspruch, mit dem zukünftig einige rechnen mussten. Hier wollte ich jedenfalls ohne unnötige Zeugen eine eigene Besprechung abhalten. Und hatte Erfolg. Es blieben acht Ärzte sitzen, Frauen waren nicht darunter, drei Oberärzte und fünf Assistenzärzte.

Ich schilderte noch einmal etwas ausführlicher meinen Lebenslauf. Ich sei nicht gekommen, um irgendetwas abzuwickeln oder irgendjemanden zu evaluieren, dazu hätte ich keine Kompetenz, kein Wissen und keinen Auftrag. Sondern ich sei gekommen oder gerufen worden, einfach um zu helfen und weil man einen habilitierten Neurologen für die Ausbildung der Studenten und die Betreuung von Dissertationen benötige. Nachdem ich das losgeworden war, bat ich um Fragen. Keine Fragen. Am Ende der Besprechung empfahl ich, dass wir, also die neurologisch tätigen Ärzte – und ich ging fest davon aus, dass die Anwesenden auch weiterhin dazu gerechnet werden konnten – uns jetzt täglich um acht Uhr zu einer Morgenbesprechung treffen sollten. Dagegen regte sich erster Widerspruch, das war einigen Kollegen viel zu spät. Nach gutem Zureden konnte ich mich durchsetzen.

Da das ursprüngliche Besprechungszimmer zu dieser morgendlichen Zeit regelmäßig verschlossen war und ich nicht nach dem passenden Schlüssel fragen wollte, trafen wir uns ab jetzt des Morgens, solange eine Alternative fehlte, stehend im Gang. Und besprachen dort kurz, welche Patienten neu aufgenommen worden waren und was es sonst noch an Wichtigem auf den Stationen und für den Tag gab oder geben würde. Das erinnerte zwar manche, wie sie mir vorsichtig bedeuteten, bitter an ihre Erfahrungen vormilitärischer Ausbildung mit morgendlichem Fahnenappell, wurde aber hingenommen, da es kurz war, nicht gesungen werden musste und man schnell wieder gehen konnte.

Ich sagte, dass ich mit aller Einverständnis zukünftig und heute beginnend auf den Stationen die Visiten begleiten würde. Dann bat ich die Oberärzte, mich auf den einzelnen Stationen vorzustellen und mir die sogenannten Funktionsbereiche zu zeigen. Es war mir daran gelegen, dass man den Neuen zumindest von Gesicht und Statur her schon mal einordnen konnte. Vorübergehend flüsterte man sich daraufhin in den Gängen zu, der Neue hätte sich in Gutsherrenart die Abteilungen der Klinik zeigen lassen und darauf gepocht, dass diese zukünftig allein der Klinik für Neurologie und nicht dem gesamten Nervenzentrum zugeordnet werden sollten. Er habe sie sich sozusagen angeeignet. So schnell konnte es gehen. Mein Ruf war, kaum angekommen, schon mal lädiert.

Gegen fünf Uhr an diesem Abend kam ich zurück in meine Zelle, klappte meinen Laptop zu – er stand noch auf dem Tisch –, packte alle meine Utensilien in die schwarze Tasche und machte mich auf den Weg nach Hause. Was hatte ich heute geleistet, so erschöpft wie ich war? Nichts Rechtes, nichts Erkennbares. Und hatte doch mehr Kraft gekostet, als ich gedacht hatte. Aber ich war froh, diesen ersten wichtigen Tag, der in verschiedener Richtung prägend sein konnte, überstanden zu haben.

Auf dem Heimweg stattete ich, wie mir vorgenommen, der »Möwe« einen Besuch ab. Die Eingangstür ließ sich, wie ich vermutet hatte, ohne Weiteres öffnen. Durch die Milchglasscheiben einer zweiten Flügeltür erkannte ich, wenn auch unscharf, ein gepflegtes Inneres, sah feines, gewürfeltes

Parkett. Hochherrschaftliche Wohnung. Mich verließen Mut und Neugier. Und nahm von weiterem Vorrücken Abstand, weil ich nun doch nicht in die Situation geraten wollte, von jemandem etwa wegen Hausfriedensbruchs oder Ähnlichem zum Verlassen des Gebäudes aufgefordert zu werden.

Dann wieder Richtung Süden und die Hermann-Matern-Straße entlang. Die Gegend so unbelebt wie am Vormittag. Müll wie zuvor. Spielende Kinder, Fehlanzeige. Ab in den Schacht der S-Bahn, Haltestelle »Unter den Linden«. Ich saß. Aufatmen. Vorbei am Geisterbahnhof und wieder auf West-berliner Gebiet und ab Anhalter Bahnhof, den Untergrund verlassend, endlich vom milden Licht des Westberliner Abends empfangen. Ich hing meinen Gedanken nach und schaute durch die verschmutzten Scheiben der S-Bahn auf die vorbeiziehende Stadtlandschaft. Zum ersten Mal und jetzt ausgesprochen unangenehm fiel mir der Müll auf, der neben den Gleisen lag. Kümmerte sich niemand um diesen Dreck, sah das niemand? Hatte ich etwa die verwahrlosten Grasflächen vor den Plattenbauten zu streng, ungerecht beurteilt? Hatte ich mit zweierlei Maß gemessen? Also war ich doch mit diesen Westallüren geschlagen?

Dann kam mir auch noch einer der ersten Tage in Berlin in Erinnerung. Die damals fünfjährige Tochter konnte sich mit den tristen Häusern und Straßen unseres Wohnviertels so gar nicht recht anfreunden und sehnte sich nach dem lieb-lichen Heidelberg, das wir gerade verlassen hatten. Das lässt sich ändern, dachte ich. Ich führte sie zu dem in der Stuben-rauchstraße in der Nähe unserer damaligen Wohnung lie-genden großzügigen Spielplatz. Der Platz sah verlassen aus, Kinder spielten dort nicht oder gerade nicht. Meine Tochter rannte fröhlich zu dem großen Sandkasten, der sich in der Mitte des Platzes befand, hielt aber plötzlich inne und zeigte angeekelt auf die vielen Hundehaufen. Einige Spritzennadeln sah nur ich.

»Schau mal, überall Hundekacke! Eklig! Eklig! Hier will ich nie mehr hin«, schrie sie laut.

Und was sagte mir das heute nach dem biblischen Gleichnis: Die Splitter im Osten siehst du genau, ja übergenau, und die Balken im Westen fallen dir gar nicht mehr auf!

S-Bahn-Haltestelle Friedenau. Ich stieg aus, Treppen runter, wieder hoch, und genehmigte mir, bevor ich unsere Wohnung betreten sollte, die dicke Luft der Klinik abatmend, einen Kaffee im S-Café am Bahnhof. Ich wurde das Gefühl nicht los: Wie frei fühlte ich mich hier, wie unfrei fühlte ich mich dort!

Neues Arbeitszimmer

Es war in der dritten Woche, könnte auch schon früher gewesen sein, da hatte man mir zu verstehen gegeben, es sei jetzt an der Zeit, sich beim Verwaltungsleiter der Klinik, Herrn Gräber, offiziell vorzustellen. Für mich erstaunlich: sich offiziell bei dem Verwaltungsleiter vorzustellen, wo ich doch schon am ersten Arbeitstag ausführlich Bekanntschaft mit ihm machen durfte. Aber besser keine Risiken eingehen. Also beschloss ich, den Verwaltungsleiter so bald wie möglich in seinem Arbeitsbereich aufzusuchen.

Zuvor musste ich mich noch einmal belehren lassen. Er sei keinesfalls ein Hausmeister, nein, er sei Verwaltungsleiter und dazu gelernter Diplom-Staatswissenschaftler. Falls dieser, mir bis dahin unbekannte Titel zutreffen sollte, dann musste er zu jenen linientreuen, dem Ministerium für Staatssicherheit eng verbundenen Dienern gehören, die die DDR in einer Art Hochschule in Potsdam ausgebildet hatte. Ausbildung mit Zügen einer Gehirnwäsche. Warum solch ein Titel mit solch einer Ausbildung dazu befähigte, auch hausmeisterähnliche Arbeiten an der Charité zu übernehmen, wollte ich nicht hinterfragen. Jedenfalls war er nicht nur Hausmeister oder Verwaltungsleiter, sondern weitaus mehr. Was genau, wusste ich nicht, wollte es auch nicht wissen.

Das selbstbewusste Auftreten des großen, schlanken, wegen seiner wichtigen Aufgaben stets auffallend aufrecht gehenden Mannes war nicht zu übersehen. In der Klinik nannte man ihn kurz den »Jäger 90«. Dabei zwinkerte man mir zuweilen zu. Seine Position und sein Auftrag waren also den meisten bekannt. Warum nun gerade synonym mit dem Typ eines Jagdflugzeugs aus dem Westen? Ich wusste es nicht. Ahnte es aber.

Jäger 90 hatte zwar nur das Untergeschoss des Vorderhauses, dafür aber, so mein Eindruck, ein größeres Areal für

Arbeit und Auftrag in Beschlag genommen. Zunächst fiel mir sein geräumiges Arbeitszimmer auf mit dem marxistisch-leninistisch aufgestellten T-förmigen Konferenztisch. Als Symbol der Macht am breiten Kopfende der Verwaltungsleiter, der das Diplom eines Staatswissenschaftlers besaß, vielleicht noch eine weitere wichtige Person und am im rechten Winkel dazu aufgestellten Tisch mit den Stühlen zu beiden Seiten die Bittenden und die Beratenden. Dazu gab es ein weiteres Besprechungszimmer. Die Tür dorthin wies die schon beschriebene, dick unterfütterte braune Bepolsterung auf. Schließlich konnte ich den kurzen Blick in ein weiteres kleineres Zimmer werfen. Dessen Funktion blieb im Dunkeln.

Dem Organisationstrakt schlossen sich in anderer Ebene auf Gängen und schwach beleuchteten Räumen Fluchten von Regalen an, gefüllt mit für eine Klinik Notwendigem, aber auch, wie mir schien, weniger Notwendigem, zum Teil mit Gegenständen, mit denen aus meiner Sicht ein Museum hätte bestückt werden können. Monitore, von denen nicht zu erkennen war, ob sie gerade angeschafft worden waren oder ob sie zur Entsorgung anstanden. Ein Raum, vollgestellt mit Möbeln: Schreibtische, Stühle, Verbandswagen, Nachttische. Vieles verrottet. In einem weiteren Raum zahllose mechanische Schreibmaschinen, auch jene großen schwarzen Modelle, die man von den Büros der 30er Jahre oder noch früher kennt. Eine alte Olympia war da. Dann eine Reihe von Kästen aus Metall, bestückt mit vielen Kontrolllämpchen und ebenso vielen Schaltern. Bündel von grauen Schläuchen, schwarzen Kabeln, roten Kathetern, Stöße von Papieren und Vordrucken für die verschiedensten Zwecke, zum Teil noch vom VEB Vordruck-Leitverlag, alles, was brauchbar war oder hätte werden können, eine geordnete, teils auch ungeordnete, in jedem Fall gewöhnungsbedürftige Sammlung. Oder eher ein Sammelsurium? Das Lager einer

Universitätsnervenklinik, das eindrucksvolle, für mich zuge-
gebenermaßen berührende Dokument der zurückliegenden
Mangelwirtschaft. Hier war nichts achtlos weggeworfen worden. Hier musste aufbewahrt werden. Hier hätte möglicherweise noch etwas verwendet werden können. Bestand doch
die Sorge, dass das eine oder andere nicht mehr beschafft
werden konnte. Der Gegenentwurf zur exzessiv geübten
Überfluss- und Wegwerfgesellschaft auf der westlichen Seite
der Stadt, einen Steinwurf entfernt. Hier die Achtung der
Materialien, ein Eldorado für Bastler und Ingenieure. Dort
ein Müllberg mit endgültiger Vernichtung mitunter wertvol-
ler Ressourcen. Sollte jetzt hier alles für unbrauchbar erklärt
und wie im Westen entsorgt werden? Eine Vorstellung, die
bedrückend sein, aber auch wütend machen konnte. An erster Stelle Herrn Gräber. Bisher konnte das eine oder andere
Stück aus der Sammlung, ein besonderer Stuhl, ein Tisch
oder sonst noch was, an Mitarbeiter, die daran interessiert
waren, für den Betrag einer Münze abgegeben werden. Eine
sinnvolle Weiterverwertung.

Ich bewunderte gebührend die Sammlung und die umfangreichen wie ebenso verantwortungsvollen Aufgaben des
Verwaltungsleiters. Und hatte den Eindruck, er wäre mir
gewogen. Ein Eindruck, der später korrigiert werden musste.

Am Ende der Besichtigung wagte ich, die Situation meiner
Unterbringung anzusprechen, ebenso wie die Notwendigkeit
einer Schreibkraft, eines Sekretärs oder einer Sekretärin. Wie
weit es denn damit jetzt stünde. Zu meiner Überraschung
erklärte er, dass sich für mich gerade eine Lösung abzeich-
nen würde.

Wir verließen sein Reich, stiegen wieder zum Hochparterre. Dort führte er mich zu der links, unmittelbar hinter
dem Treppenaufgang der Klinik befindlichen Tür. In der
Regel jener Bereich eines größeren Gebäudes, in dem der
Pförtner oder der Empfang seinen Posten innehat. Aber

es sollte sich um einen Raum handeln, der für eine solche Funktion überdimensioniert gewesen wäre. Wohl einst dann eher für die Patienteninformation oder -aufnahme gedacht?

Kaum angeklopft, schon hatte der Verwaltungsleiter die Klinke gedrückt.

Wir traten ein. Zwei große Fenster ließen ausreichend Licht in den hohen Raum, auch wenn es an den ergrauten Tapeten der Wände gebrochen wurde. Auf dem Boden lag ein abgewetzter Belag, vielleicht PVC oder Linoleumimitat, diese bedruckte Dachpappe, die man im Westen und vielleicht auch hier Stragula nannte, mit den obligatorischen Laufstraßen.

Neben einem der Fenster saß vor einem Schreibtisch, an nennenswert mehr Möbel kann ich mich nicht erinnern, eine junge Frau, schlank, hohlwangig. Sie stand sogleich auf, als wir eingetreten waren, gab mir pflichtbewusst, Kopf gesenkt, die Hand und stellte sich mit ihrem Namen vor. Es hätte nicht viel gefehlt, dann hätte sie einen Knicks gemacht. Ich hatte nicht recht verstanden, ließ mir ihren seltenen Namen noch einmal wiederholen. Er erinnerte mich an jene renommierte Nervenklinik in Paris, dem französischen Äquivalent zur Charité, die ihren Namen vom Munitionspulver herleitete, das man früher in den Gebäuden gelagert hatte. Gute Assoziationen.

»Wir«, wen er damit alles gemeint hatte, blieb offen, »hatten gedacht, die können sie als Sekretärin nehmen«, tönte Herr Gräber. Seine Stimme zu laut.

Zum einen wurde mir einmal mehr bedeutet, welch weitreichende, sogar die Verteilung von Personal einschließende Kompetenzen er besaß. Zum anderen ließ sich daraus entnehmen, dass für diese junge Frau zurückliegend oder gegenwärtig keine rechte Verwendung gefunden worden war, oder dass sie bisher als Vertretungskraft für wechselnde Chefs hatte arbeiten müssen.

Vom Zimmer der Sekretärin ging ein weiterer, wie man sagt, gefangener Raum ab. Offensichtlich mein zukünftiger Arbeitsbereich. Und wenn ja, dann doch ein überraschender Fortschritt. Das Zimmer lag in einem Bereich, in dem sich der linke Halbturm des Klinikgebäudes befand. Sein eines Ende bildete demnach ein Halbrund, ein Zuschnitt, der dem Raum eine besondere, eine einladende, fast gemütliche Atmosphäre verlieh. Dazu mit mehreren kleinen Fenstern ausgestattet, die den Blick auf eine Grasfläche, einen Baum und das Denkmal des Wilhelm Griesinger vor dem Haus erlaubten.

Das Zimmer war offensichtlich jahrelang nicht benutzt worden, was die vergilbten, hie und da eingerissenen Tapeten schamvoll offenbarten. Es hatte, so die Nachricht, als letzte Arbeitsstätte des vor Jahren emeritierten Ordinarius der Psychiatrischen und Nervenklinik, Professor Karl Leonhard, gedient. Leonhard hatte sich, einst von Erfurt kommend, an die Charité verirrt. Noch in Erfurt hatte es ihm eine Figur der klugen Jungfrauen, jener steinernen Statuen am Portal des Doms, derart angetan, dass er eine Abhandlung über den Einfluss des Seelischen auf Mimik und Gestik schrieb. Er stand mit diesem Thema in der Tradition anderer Psychiater, leider auch eines seiner Vorgänger, jenes Maximilian De Crinis, Ordinarius der Nervenklinik an der Charité, der sich zu einem skrupellosen Verfechter des nationalsozialistischen Euthanasieprogramms entwickelt hatte. Leonhard erhoffte sich von der Charité den Absprung in eine Universitätsklinik im Westen, was jedoch von den Behörden der DDR erfolgreich vereitelt werden konnte. So musste er hierbleiben. Er galt als ein wohl etwas eigensinniger, wegen seiner Einteilung endogener Psychosen aber weit über die Grenzen der DDR hinaus hoch angesehener Arzt und Wissenschaftler.

Ich vermutete mal, nach dem Ableben dieses berühmten Professors hatte niemand gewagt, den Raum, den wir betreten hatten, einer neuen Bestimmung zuzuführen. Er musste in den zurückliegenden Jahren eine Art Kultstatus angenommen haben. Und tatsächlich sollen Pläne in den Schubladen gelegen haben, den Raum in Erinnerung an den großen Nervenarzt zu einem kleinen Museum umzugestalten. Da mit meinem Erscheinen der eine oder andere Bruch in manch liebgewonnene Gepflogenheiten zu befürchten war, bot man mir diesen bisher erfolgreich freigehaltenen Bereich an. So als Hinweis für die anderen, dass der Neuankömmling selbst vor Fledderei nicht zurückschrecke. Wahrscheinlich waren es aber allein die Vorgaben der Charité-Verwaltung gewesen, die man jetzt notgedrungen für mich umsetzen musste.

Vom eigentlichen Getriebe des Klinikums war der Raum weit entfernt, auch weitaus kleiner, als was ich bisher an Chefzimmern kennengelernt hatte. Im Vergleich zu meiner gegenwärtigen Behausung in jedem Fall ein gewaltiger Fortschritt. Aufgrund seiner Großzügigkeit und seines prächtigen Schnittes keine Absteige, keinesfalls eine Notlösung. Der einzige Nachteil, ich musste jedes Mal zuerst durch das Zimmer der Sekretärin.

»Diesen Raum können sie übernehmen«, erklärte mir jetzt der Hausmeister, ohne dass ich genau erkennen konnte, welchen Hintergedanken er hatte.

»Dann können sie ja, wie ich schon sagte, auch gleich diese Sekretärin mit übernehmen.«

Klang so, als ob er von einem Möbelstück sprechen würde.

Das Auffälligste im Raum waren genau zwei Gegenstände: einmal die Liege an der Fensterwand und dann das Waschbecken unmittelbar links neben dem Eingang. Die Liege, eine Art Sofa mit Kopfkeil, hatte möglicherweise für Patienten in einem psychoanalytischen Setting gedient, zuletzt, so vermutete ich, überwiegend dem emeritierten Ordinarius für einen kleinen Erholungsschlaf. In der Mitte der Liege hatte sich ein großer Fleck ausgebreitet, der aufgrund seines am

Rande erkennbaren leicht dunkleren Gelbs von Urin stammen konnte. Ob der emeritierte Ordinarius etwa während seiner wissenschaftlichen Arbeit hier vom Tod überrascht worden war? Ich rechnete: Das müsste dann vor etwa drei Jahren gewesen sein. Besser nicht danach fragen. Auf jeden Fall: Das Sofa sollte so schnell wie möglich weg.

Aber auch alles, was sonst noch herumlag. Unweit der Tür befand sich das Handwaschbecken aus von der Zeit gezeichnetem oder von Natur aus grau-beigem Porzellan. Vielleicht war es auch Keramik. Seine Dimension erinnerte an die Suite eines Grandhotels der Kaiserzeit. Stand jedenfalls in einem klaren Missverhältnis zur Größe des Raums. Die Oberfläche war von Krakelee durchzogen und hin zum Abfluss lenkten leider zwei große Risse. Nicht mehr zu gebrauchen, das war eindeutig. Der Abfluss leitete das Wasser, nachdem es das Waschbecken und den Rost ansetzenden Siphon verlassen hatte, in fast rechtwinkliger Biegung außerhalb der Wand liegend und damit gut sichtbar, in leichtem Gefälle bis rechts neben die Tür, die zum Zimmer der Sekretärin führte. Dort durchbohrte das Rohr die Wand, lief in scharfer Biegung nach rechts immer weiter knapp an der Wand entlang und mit dem notwendigen leichten Gefälle bis kurz vor die Eingangstür, um dann im Boden zu verschwinden. Die Sekretärin musste es also jeweils für längere Zeit gurgeln hören, wenn sich der emeritierte Ordinarius zu Lebzeiten die Hände gewaschen hat. Es war vielleicht übergriffig, als ich so nebenbei versuchte, auch nach der Erfahrung aus meiner Zelle, die Funktion der Wasserhähne zu prüfen. In diesem Fall kam das Wasser nicht, auch nachdem ich vorsichtig die Hähne bis zum Anschlag aufgedreht hatte.

Besonders eindrucksvoll war der Boiler mit der Aufschrift »Tatramat«. Dieser Warmwasserbereiter schwebte bedrohlich über dem Waschbecken in einer Größe, dass man damit einen ganzen Kindergarten mit warmem Wasser hätte versorgen können. Seine außerhalb der Wand liegenden Zuleitungen zum Waschbecken mussten die obligatorisch vorhandene Glasablage überwinden. Dafür war in das Glas wandseitig und auffallend sorgfältig ein Halbrund eingeschnitten worden. Der Spiegel war in seinem oberen Drittel funktionstüchtig, in den anderen beiden blind.

Der Hausmeister bemerkte, darauf angesprochen: »Ja, man muss hier, wenn Sie das wünschen, wohl einiges wieder in Funktion setzen. Dafür bin ich aber nicht zuständig. Wenn Sie wollen, wenden Sie sich doch wieder an die Verwaltung des Klinikums, Sie wissen doch.«

Jawohl, ich wusste doch. Und wanderte nach diesem freundlichen Hinweis wieder zum Gebäude der Verwaltung, fragte mich durch und erreichte schließlich jemanden, der meinte, er könne dafür zuständig sein. Heute sei es zwar zu spät, es war ja auch schon fast drei Uhr am Nachmittag. Er wolle aber am nächsten Tag vorbeikommen und mal sehen, was sich machen ließe.

Das Schloss der Tür zu meiner Zelle war inzwischen eingebaut worden, auch funktionstüchtig. Meinen Laptop hatte ich aus Sicherheitsgründen vorübergehend zu Hause gelassen. Jetzt konnte ich ihn wieder mitbringen.

Schon am folgenden Tag meldete sich bei mir, wie vereinbart, ein Mann, der sich als eine Art Abteilungsleiter vorstellte und erklärte, er hätte den Auftrag, hier einige Zimmer renovieren zu lassen. Wir gingen gemeinsam zu dem vorgesehenen Arbeitsraum. Die Möbel waren verschwunden.

»Ach, das ist doch mehr Arbeit, als ich gedacht habe«, gestand er mir, als wir im Zimmer standen. »Ich denke, es ist das Beste, wir machen hier eine Generalrenovierung.«

»Ja, und was soll das heißen?«, fragte ich.

»Wir werden alles neu machen, alles neu, den Boden, die Wände, die Fenster, die Elektrizität und natürlich hier dieses Waschbecken. Wir schauen nach den verschiedenen Anschlüssen, mal sehen, was sich machen lässt. Ja, hier zum Beispiel diese seltsame Abwasserleitung.«

»Und, was meinen Sie, wann könnte ich dann einziehen?«

»Das ist die Frage! Wir haben vor wenigen Tagen einen entsprechenden Trupp zusammengestellt und solche Aufträge wie diese hier kommen gerade erst rein. Ich werde mit den Handwerkern noch einmal die Räume durchgehen. Mal sehen, was sich machen lässt. Rechnen Sie mal mit vier Wochen.«

Das erfüllte mich mit Freude, auch wenn es mir recht optimistisch beurteilt schien.

»Und was meinen Sie zu dem Zimmer der Sekretärin, durch das wir gerade gegangen sind?«

»Das machen wir gleich mit!«

»Bitte nehmen Sie es mir nicht übel, aber das Treppenhaus und die Toilette, die die Patienten oder Gäste, falls ich sie haben sollte, und auch ich benutzen werden, bedürften, sagen wir mal, wenigstens eines Anstrichs.«

»Bespreche ich mit meinen Leuten. Mal sehen, was sich machen lässt.«

Schon eine Woche später wurde die Renovierung der beiden Räume in Angriff genommen. Es sollte die erste im Hause sein und dies nach vielen, vielen Jahren. Und führte leider und wie zu erwarten alsbald zu der entsprechenden Neiddebatte. Warum musste der Arzt von drüben, kaum dass er erschienen, ein renoviertes Zimmer bekommen, wo doch Renovierung auf den Stationen weit dringender geboten war? Eine Renovierung, die man sich seit Jahren herbeisehnte. Für die man immer wieder Anträge gestellt hatte. Immer wieder vertröstet wurde. Und jetzt kommt einer und organisiert seinen eigenen Bereich in einem Handstreich. Man wird sich also daran gewöhnen müssen, dass sich auch nach der Wende nichts geändert hat. Überall wird die gleiche Wirtschaft bleiben. Erstmal die da oben, dann wir, wenn überhaupt. Und die Patienten, die kommen wie üblich immer zum Schluss dran.

Die Renovierung war früher abgeschlossen als gedacht. Die beiden Zimmer waren nicht mehr wiederzuerkennen. Wände mit einer Tapete aus feinem Flechtgewebe beklebt und weiß gestrichen. Flechtgewebe, an denen die Architekten zu dieser Zeit in Ablösung der jahrzehntelang verwendeten Raufaser, Typ Erfurt, ihren Gefallen gefunden hatten. Fenster gestrichen, Teppichboden verlegt. Und ohne mein Zutun gleich noch Wandschränke für die Sekretärin aufgestellt, damit dort endlich etwas untergebracht werden konnte. Zufluss und Abfluss am Waschbecken, die elektrischen Leitungen, alles war unter dem Putz und den Tapeten verschwunden.

Ein kleiner Fehlgriff der Installateure sollte noch schnell zum Stein des Anstoßes werden und stellvertretend für den ganzen, von mir initiierten Überfluss herhalten. Am neuen Waschbecken, und das aus blendend weißem Porzellan, hatte man einen auffälligen, völlig überdimensionierten Wasserhahn montiert, einen Hahn, der normalerweise den Waschbecken der Chirurgen vorbehalten ist. Ein großer Bügel, der mit dem Ellenbogen bedient werden kann, um die Hände nach dem Waschen sauber und steril zu halten, reguliert den Wasserfluss. Als ich eines Morgens, kurz bevor ich das neue Arbeitszimmer beziehen konnte, die Treppe zum Hochparterre emporstieg und einen kurzen Blick in die renovierten Zimmer wagte, erkannte ich eine Traube von Menschen, die sich eine Begehung des zukünftigen Chefzimmers erlaubten und vor allem die Funktion dieses aufdringlichen Hahns untersuchten. Schnell verdrückte ich mich in meine Zelle, weil ich Unheil ahnte. Ich war für diese Anschaffung nicht verantwortlich gewesen. Aber durch das Haus geisterte die Überzeugung, der neue Chef aus dem Westen hätte Mittel und Maß, wie man es erwartet, völlig verloren. Er denke nur an sich. Erst einige Monate später, als auch Toiletten, Aufenthaltsräume der Patienten, das Treppenhaus renoviert und schließlich die neuen Betten angeschafft worden waren, beurteilte man zurückhaltender. Ob sich das negative Bild über den Neuankömmling aus dem Westen ganz aufgelöst hatte? Sicher war ich mir nicht.

Die Möblierung des neuen Arbeitszimmers übernahm ich zur Vorsicht selbst. Schreibtisch, Regale, Sitzecke schaffte ich von zu Hause her. Also doch ähnliches Verhalten, nämlich Einrichtung mit privatem Mobiliar, wie in dem Zimmer des Direktors, das ich zuerst kennenlernen durfte? Nur eben mit anderen Möglichkeiten und aus einem, über die Jahre gewachsenen anderen Stilempfinden? Den Stuhl für den Schreibtisch ließ ich von der Verwaltung besorgen. Er war okay.

Was die Existenz und Aufgabe der Informellen Mitarbeiter der Staatssicherheit der DDR anbelangt, so hatte ich vor meinem Arbeitsantritt schlichtweg keine Ahnung. Auch der später immer wieder auftauchende Begriff des »IM« war mir bis dahin unbekannt. Ich vermute mal, dass meine Unwissenheit für einen Großteil der Deutschen im Westen zutraf. Und möglicherweise auch im Osten. Auch dort lernte man den Begriff des Informellen Mitarbeiters oder des IM mit seinen verschiedenen Spielarten erst nach der Wende kennen. Davor hatte man von den ›Spitzeln‹ gesprochen, was sie in der Regel auch waren. Im Westen war bekannt, dass es die Staatssicherheit mit ihrem Vorsitzenden Mielke gab, dass sie auch im Westen spionieren ließ, aber viel mehr auch nicht. Dass die Bürger der DDR von unzähligen Menschen umgeben waren, die auf deren Staats- und Linientreue achten sollten, Menschen, die als IM oder so ähnlich für die Staatssicherheit arbeiteten, das hatte man im Westen wie im

Osten vermutet, in seinem vollen Umfang aber nur andeutungsweise realisiert.

Man war zwar stolz, dass der alles überragende Charité-Turm weit nach Westberlin die Stärke und Leistung der DDR-Medizin demonstrierte. Auf der anderen Seite bereitete der Staatssicherheit abgesehen von dem anhaltenden personellen Aderlass die unmittelbare Nähe der Charité zur Mauer und damit zur Staatsgrenze immer wieder Sorgen. Das galt zum einen für den Charité-Turm, von dessen Spitze man, warum auch nicht, mit einem Fluggerät in den Westen segeln und dann vielleicht in den Baumkronen des Tiergartens hätte landen können. Die Sorgen galten aber auch der Nervenklinik, von der man die Mauer fast mit ausgestrecktem Arm hatte berühren können. Konnten sich doch gerade psychisch Kranke, die man zu allem für fähig hielt, unauffällig und unbemerkt der Mauer nähern. Konnten die Mauer dann möglicherweise überklettern und für einen Skandal sorgen, der im Westen entsprechend ausgeschlachtet würde? Solche Fantasien führten an der Charité zu einem speziell ausgeklügelten, zu einem an Wahn grenzenden Sicherheitskonzept.

Es war anzunehmen, dass dem Diplom-Staatswissenschaftler, Herrn Gräber, die Aufgabe anvertraut worden war, dieses Sicherheitskonzept zumindest für den Bereich der Nervenklinik umzusetzen und entsprechend zu überwachen. Die Überwachung schloss auch den Schutz der nahen Staatsgrenze vor Übergriffen ein. Inwieweit diese Aufgabe einem Ehrenamt gleichkam oder die informelle Mitarbeit bei der Staatssicherheit voraussetzte, musste ich offenlassen. In der Nervenklinik galt jedenfalls die Empfehlung, halten Sie sich von Herrn Gräber etwas zurück.

Etwa einen Monat nach meinem Besuch in seinem Reich war Herr Gräber wie vom Erdboden verschluckt. Von mir nie mehr gesehen. Die Klinikverwaltung soll ihm Hausverbot erteilt haben. Seine verantwortungsvolle Tätigkeit war ihm zum Verhängnis geworden. Was man ihm im Einzelnen vorgeworfen hatte, ob es allein die Möglichkeit war, IM zu sein, die ihn das Amt gekostet hatte, blieb mir verborgen. Wer mehr in der Klinik wusste, hielt sich bedeckt.

Die Sekretärin

Die mir nach der Entscheidung des Verwaltungsleiters zugeteilte Sekretärin, eine zartgliedrige, fast schmächtige, vordergründig schüchtern erscheinende Frau, wirkte in dem abgewirtschafteten, dürftig eingerichteten Raum, in dem sie arbeiten musste, etwas verloren. Dafür hatte sie sich ihren Schreibtisch zu einem kleinen Reich mit besonderer Atmosphäre ausgebaut. Das bemerkte ich erst richtig, als meine Kinder mich eines Abends besuchten und von den Utensilien auf dem Tisch begeistert riefen: »Schau doch mal, alles rosa. Ist das nicht schön?«

Die ungehemmte Vorliebe für die Farbe Pink war nicht zu übersehen. Alle Gegenstände auf dem Tisch, sorgfältig entweder parallel oder im rechten Winkel geordnet, waren pink. Mit Ausnahme der elektrischen Schreibmaschine, die war rot. Locher pink, Radiergummi pink, Bleistifte und Kugelschreiber pink, Ablage pink, alles pink. Hello Kitty.

Sicher nicht einfach, all diese Teile in der gleichen Farbe zu finden. Entweder hatte sie sich die Dinge vom Lager der Klinik Stück für Stück kommen lassen, was wenig wahrscheinlich war, oder doch eher vom eigenen Geld erstanden. Ich musste sie fragen. Manches stamme aus dem Materiallager der Klinik. Aber ja, das Meiste sei aus ihrer eigenen Tasche gekauft worden, gestand sie mir. Ich kam ins Grübeln, was hinter dieser Farbauswahl wohl stecken mochte. War es die Verwirklichung eines Kindheitstraums? Endlich war alles so zu beschaffen, wie man es sich schon immer gewünscht hatte? War es die Demonstration von Selbstbewusstsein: Ich liebe diese Farbe und ich stehe dazu, auch wenn sie mich in eine Kleinmädchenecke rücken sollte? Vielleicht konnte ich mich auch irren und die Wahl der Farbe zeugte von Fortschritt, von Avantgarde. Immerhin soll Pink vor einigen Jahrhunderten noch der Ausdruck von Männlichkeit gewesen sein.

Für die Frau war ich nicht der erste Ansprechpartner. Sicher war sie für jenen als Direktor der Neurologischen Klinik vorgesehenen Kollegen schon tätig gewesen, der sich wenige Wochen vor dem Mauerfall überraschend aus dem Staub gemacht und in den Westen abgesetzt hatte. Danach war sie für wechselnde Ärzte, zuletzt für den gegenwärtig leitenden Oberarzt zuständig. Wahrscheinlich war sie den Schreib- oder organisatorischen Wünschen noch weiterer Personen der Klinik ausgesetzt.

Was konnte sie von mir schon erwarten? Wahrscheinlich würde ich erneut zu jenen gehören, an die man sich besser nicht erst gewöhnen sollte. Ich wäre sicher wie so manche zuvor auch nur eine vorübergehende Erscheinung. Dass wir jetzt aufeinander angewiesen waren und doch länger zusammenarbeiten müssten, dass sie jetzt für den Direktor oder wie auch immer Leiter der Klinik für Neurologie, wenn auch nur kommissarisch, zuständig geworden war, das hatte sie erst nach einigen Tagen so recht verstanden. Ab jetzt, so ich, sollte niemand mehr aus der Klinik mit irgendwelchen Wünschen an sie herantreten, ohne dass wir dies gemeinsam abgesprochen hätten. Gut so.

Am vierten oder fünften Tag unserer jungen Zusammenarbeit fand ich ihren Arbeitsplatz unbesetzt. Am darauffolgenden Tag war sie wieder da. Nach dem Grund ihrer plötzlichen Abwesenheit gefragt, klärte sie mich auf, sie hätte ihren Haushaltstag genommen. Jeden ersten Dienstag im Monat würde sie ihren Haushaltstag nehmen. Das sei schon immer so gewesen. Und auch nötig, um ihren Karnickelstall in Ordnung zu halten. Ab jetzt wusste ich, was ein Haushaltstag ist. Hätte mich vorher ja auch erkundigen können. Als ich, mich dumm stellend, nachfragte, ob sie Karnickel halten würde, lachte sie, immerhin, zeigte Verständnis für diesen etwas fragwürdigen Humor. Sie hatte damit ihre Wohnung in der Plattensiedlung gemeint. Wenige Monate später war die Errungenschaft eines Haushaltstags von den neuen Machthabern aus dem Westen abgeschafft worden. Kein Grund zur Freude, kein Sympathiegewinn auch für mich.

Sie war wortkarg, sprach meist nur nach Aufforderung. Geschichten aus der Klinik schienen ihr fremd. Privates reduzierte sie auf das Notwendigste. Und nachzufragen vermied ich. Sie schrieb mit zehn Fingern und trotz der recht langen Fingernägel erstaunlich geschwind. Ein solches Tempo war mir vom Westen völlig unbekannt. Auch beherrschte sie das Stenografieren, diese Kurzschrift. Ich erinnerte mich kaum, dass diese Art des Schreibens in Westberlin noch geübt, geschweige denn gekonnt wurde. Sie schrieb damit schneller, als ich denken konnte. Und ohne dass ich irgendetwas von dem Geschriebenen hätte entziffern können. In dem Punkt war ich auf sie angewiesen. Meist musste sie warten, bis mir die nächsten Worte und Sätze eingefallen waren. Ein Diktiergerät zu benutzen, das ich samt Abspielgerät aus dem Westen mitgebracht hatte, wäre umständlicher gewesen. Allerdings musste nach Abschluss des Stenodiktats dann noch die Umsetzung über die Schreibmaschine erfolgen.

Die verschiedenen Situationen wusste sie blitzschnell nach ihrer Wichtigkeit einzuschätzen. Sie verstand es, wie ich den Eindruck hatte, mich abzuschirmen, wenn es notwendig war. Jeder Besuch, der mir gelten sollte, wurde, ohne dass ich sie darum gebeten hätte, von ihr angekündigt.

Warum sie mir später mitteilen ließ, sie erinnere sich ungern an diese gemeinsame Zeit, blieb mir ein Rätsel, das ich nicht aufzulösen vermochte. War mein Auftreten zu streng, zu dominant gewesen, ohne dass ich es gemerkt hätte? Hatte ich etwa den Herrn aus dem Westen herausgekehrt? Hatte ich sie in Schwierigkeiten gebracht, ohne dass ich es gemerkt hätte, ohne etwas davon erfahren zu haben? Oder war es mein mehrmaliger, aber eher freundlich gemeinter und vorsichtig formulierter Hinweis, dass sie statt Russisch jetzt Englisch lernen müsse, wenn sie zukünftig, etwa auch nach mir, einen so anspruchsvollen Posten innehaben wollte? Solche Gründe für ihre Zurückhaltung hielt ich jedoch für wenig wahrscheinlich. Es musste etwas anderes gewesen sein.

Für das Schreiben der Arztbriefe fasste sie jedes Mal ein Bündel von vier bis fünf oder, weiß nicht, noch mehr Blättern zusammen und legte dazwischen das sogenannte Durchschlagpapier. Um Zeit zu sparen, hatte sie sich schon mehrere solcher ungeschriebenen Briefe, mit Heftklammern gebündelt, beiseitegelegt. Das graue, holzige Papier für die Durchschläge war dünn, hauchdünn, ohne je die Qualität eines Dünndruckpapiers zu erreichen, sodass etwa die kleinen Buchstaben E und O oder auch G und P unweigerlich mit durchschlagenem Loch erschienen. Auch waren die untersten Kopien kaum noch lesbar. Ohne Frage untauglich.

»Warum fertigen Sie so viele Kopien an?«

»Das sind die Vorgaben.«

Tatsächlich gab es Vorschriften, dass so viele Kopien angelegt werden sollten. Zudem musste mindestens eine Kopie in einem unverschlossenen Brief abgegeben werden.

»Und der unverschlossene Brief? Für wen?«

»Weiß nicht. Zur Durchsicht!«

»Von wem? Und warum?«

»Weiß ich nicht.«

»Bitte, ab jetzt nicht mehr. Alle Briefe, die hier rausgehen, werden vorher zugeklebt. Und zwei Kopien genügen. Und das mit anständigem Papier.«

Ich war mir nicht sicher, ob der Begriff des ›anständigen Papiers‹ richtig gewählt und bei ihr richtig angekommen war. Nach meinen Recherchen gab es für die Nervenklinik nur einen Fotokopierer, der die Arbeit des Vervielfältigens hätte erleichtern können. Dieser Kopierer, da Missbrauch befürchtet, stand aber unter strenger Aufsicht und deshalb im Vorzimmer des Direktors v. T. Das hätte nur unnötiges Bitten und möglicherweise auch die Zurechtweisung eingebracht: »Warum machen Sie das nicht wie wir alle hier in der Klinik?«

Nun bat ich sie, mir alles noch vorhandene dünne Papier für die Kopien zu geben. Sie reichte mir einige dicke Bündel. Es mochten mehrere tausend Blatt gewesen sein – hört sich viel an, war es aber nicht –, die nun in den Papierkorb wanderten. Möglich, dass diese Aktion zu demonstrativ wirkte. Oder auch überheblich?

Am nächsten Morgen teilte mir die Sekretärin verängstigt mit, der Verwaltungsleiter, Herr Gräber, wolle mich sprechen. Er könne gerne kommen, kein Problem, sagte ich. Kaum gesagt, schon angeklopft. Er stand in der Tür, als ob er davor gewartet hätte. Hochrotes Gesicht, in der Hand ein dickes Bündel jenes Papiers, das ich am Vortag versucht hatte in toto zu entsorgen.

»Das habe ich im Papierkorb gefunden. Waren Sie das?«, rief er, für meine Ohren lauter als notwendig.

»Ja, das war ich.«

»Solch eine Verschwendung! Das mag vielleicht bei Ihnen drüben üblich sein, hier nicht. Was haben Sie sich denn dabei gedacht? Das Papier muss selbstverständlich weiterverwendet werden«, wurde ich ohne Ansehen meiner Person und vor der Sekretärin regelrecht abgekanzelt.

Tatsächlich etwas verlegen oder fast schon eingeschüchtert ob solcher Selbstsicherheit, und weil er nicht ganz unrecht hatte, wagte ich zu entgegnen: »Aber das Papier ist doch für diesen und auch für andere Zwecke wirklich völlig untauglich. Verstehen Sie mich recht. Ich wünsche jedenfalls, dass es ab jetzt in ›meiner‹ Klinik nicht mehr verwendet wird, möglichst. Außerdem habe ich es schon durch Papier ersetzt, das ich von drüben mitgebracht habe.« Und fügte noch hinzu: »Übrigens von meinem Geld gekauft!«

Damit war das Gespräch beendet, ich nahm an fürs Erste. Der Verwaltungsleiter verschwand mit anhaltend hochrotem Kopf und mit dem Bündel Papier in der Hand, mit dem er gekommen war. In der Tür noch einmal innehaltend, sollte es aus ihm herausbrechen:»Das wird Folgen haben!«

Donnerwetter! Das wird Folgen haben. Unheil verheißende Drohung. Ob er das Papier selbst gefunden hatte oder ob es ihm von jemandem gebracht worden war, blieb ein Geheimnis. Verunsicherte mich. Doch wohl nicht von meiner neuen Sekretärin? Mir wurde bei der Gelegenheit vor Augen geführt, welchen Einfluss der Verwaltungsleiter zu dieser Zeit noch hatte, welche weitreichenden Befugnisse ihm übertragen waren. Unheimlich. Und zugegeben, ich war ziemlich betroffen. Welche Folgen sollte dieser Zusammenstoß denn haben? Ich hatte das Bedürfnis, mich mit einigen Mitarbeitern auszutauschen, um mir Rat einzuholen, Mitarbeitern, von denen ich annahm, sie seien mir gegenüber schon einigermaßen gewogen. Sicher konnte ich nicht sein.

Und siehe da, einige Tage später hielt mich der amtierende Direktor der Klinik, Professor v. T., an:»Kann ich Sie mal kurz sprechen?«

»Ja gerne!«

»Sie haben da unsere Sekretärin in eine schwierige Situation gebracht. Man hat sie des Missbrauchs unseres Papiermaterials bezichtigt. Aber Sie waren das gewesen. Vielleicht sollten Sie sich doch etwas vorsichtiger bewegen und Ihre Entscheidungen im Sinne der Gesamtheit der Klinik besser abwägen.«

Ich widersprach nicht.

Soweit hatte sich dieser Zusammenstoß schon herumgesprochen. Er wusste also von meinem dreisten Eingriff in die Beschaffungsordnung. Mit diesem aus meiner Sicht eher banalen Ereignis wurde mir vorgeführt, dass noch etlicher, wahrscheinlich weit heftigerer Kampf bevorstehen konnte.

Wenige Monate später sollten sich wenigstens die Probleme des Papiers von alleine gelöst haben. Ich hatte Computer zum Schreiben anschaffen lassen. Das bisher verwendete Dünndruckpapier war für die Drucker nun gänzlich ungeeignet. Und Kopien konnten jetzt mit festem Papier, das ich jeweils von drüben rüberschaffte, nach Belieben und Bedarf angefertigt werden.

Der Verwaltungsleiter, als aktives Mitglied der Staatssicherheit speziell zur Betreuung der Nervenklinik der Charité angesetzt, hatte bekanntlich Hausverbot bekommen. Einer braven Mitarbeiterin seines Bereichs waren die Geschäfte, jetzt möglicherweise jene einer Hausmeisterin, übertragen worden. Wahrscheinlich auch nur vorübergehend.

Erste Vorlesung

Die Vorlesungen vor den Studentinnen und Studenten, Teil der Aufträge, die ich mir im Wesentlichen selbst gegeben hatte, fanden jeden Dienstag im Hörsaal der Nervenklinik statt. Bei diesem Hörsaal, Baujahr um Neunzehnhundert, handelte es sich um einen jener eindrucksvollen, gleich einem Theater aufgebauten, auch als Filmkulisse wohl geeigneten Räume, in denen die Sitzreihen steil aufsteigen. Und die Akustik meist so gut ist, dass man ohne Verstärkung auskommt.

Sein Zustand zeugte von langjährigem Gebrauch. Als Sitzgelegenheit standen unbequeme, das Einschlafen verhindernde Klappstühle zur Verfügung. Sie quietschten, wenn man sich setzte, was auf verspätetes Ankommen verhindernd wirkte. Trotz der harten Klappstühle waren die Vorlesungen gut besucht. Vielleicht wollte man auch mal sehen, wie sich der neue Professor aus dem Westen so macht. Oft mischten sich, wenn ich mich nicht irre, fremde Gesichter, Gasthörer, unter die Studenten. Sie waren wohl von Westberlin rübergekommen, neugierig wie das an der Charité ablaufen mag. Zeitungslesende oder strickende Studentinnen oder Studenten, wie sie mir in Westberlin noch von vor zehn Jahren bekannt waren, sah ich nicht. Wer Zeichen der Müdigkeit erkennen ließ, wurde von mir angesprochen und nach der Ursache gefragt.

Den Hörsaal fand ich regelmäßig verschlossen. Der Hausmeister sei im Besitz des Schlüssels, an den müsse ich mich wenden. Gut.

»Können Sie mir bitte den Schlüssel zum Hörsaal aushändigen?«

»Ja, und zu welchem Zweck, wenn ich fragen darf?«

»Na, weil ich jetzt Vorlesung halten muss.«

»Gut. Dann unterschreiben Sie bitte hier, dass Sie den Schlüssel ausgehändigt bekommen haben. Und bringen ihn mir umgehend zurück, sowie Ihre Vorlesung beendet ist.«

»Herr Gräber, ich muss jetzt häufiger in den Hörsaal, das ist ja eine Art Arbeitsplatz für mich. Können Sie mir bitte einen eigenen Schlüssel geben, solange ich hier im Hause arbeite. Dann haben wir beide auch weniger Arbeit.«

»Nein! Das haben wir noch nie gemacht. Das geht nicht. Holen Sie sich den Schlüssel jeweils hier ab. Nein, das geht gar nicht. Wir benötigen eine genaue Übersicht, wer sich im Hörsaal aufhält.«

Ich gab fürs Erste auf. Es handelte sich um das, was man Schlüsselgewalt nennt, eine letzte Bastion, die es zu verteidigen galt.

Ich wusste, dass es bisher, zum Teil aus der Not geboren, üblich gewesen war, den Unterricht überwiegend frontal zu halten, also Fakten an Fakten zu reihen. Patienten wurden nur selten vorgestellt. Der Dozent hatte den Lehrplan monologisch abzuarbeiten, und die Studenten waren gezwungen, fleißig mitzuschreiben. Auch deshalb, weil Mangel an guten und aktuellen Lehrbüchern herrschte. Es sei denn, man hatte sich über Beziehungen Bücher aus dem Westen besorgen können. Inzwischen standen für jedermann ausreichend Lehrbücher zur Verfügung. Es war an der Zeit oder besser gesagt notwendig, den Vorlesungsstil zu ändern.

Mein Wunsch bestand ohnehin darin, den Studenten nicht nur reines Lehrbuchwissen zu vermitteln. Dann hätte ich aus dem entsprechenden Buch vorgelesen oder vorlesen lassen, den Polylux bedienen oder Dias durchschieben können. Es war mir ein Anliegen, Beispiele aus dem Leben so praxisnah wie möglich darzustellen. Nicht allein die einzelnen Krankheitsbilder erklären. Den Zusammenhang der Krankheit mit der Biographie des Patienten wollte ich vermitteln. Nicht allein die Symptome einer Krankheit, die notwendigen Untersuchungen und die für den Patienten sich ergebende Therapie darstellen. Die Verbindung der Krankheit mit der Lebensgeschichte des Patienten wollte ich zeigen. Welcher

Patient verbirgt sich hinter dieser Krankheit oder umgekehrt, was ist ihr biographischer Hintergrund?

Das hieß aber auch, den Patienten frei berichten zu lassen und so wenig wie möglich nach einem Schema abzufragen, wie das häufig schon aus Gründen der begrenzten Zeit üblich ist. Aus einer zielorientierten Anamnese sollte ein Gespräch werden. Den Erfolg eines solchen Unterrichts erhoffte ich mir darin, dass die Krankheit mit dem Patienten verbunden blieb, ein Gesicht bekam, man sie damit auch leichter im Gedächtnis behalten konnte.

Einen solchen Anspruch in der Vorlesung durchzuhalten war nicht einfach. Und es war auch nicht ohne Risiko, denn der Patient konnte gerade in der Vorlesung wortkarg oder gar stumm bleiben. Und Patienten, die vor einem anonymen Publikum über ihre Biographie oder über die Krankheit mit ihren Symptomen und Gebrechen sprechen wollten und dies auch konnten, galt es erstmal zu finden. Etwas Glück musste man dabei schon haben.

Viele Patienten, die ich während meiner Zeit an der Charité kennenlernte, hatten eine Biografie, der die Wende tiefe Wunden geschlagen hatte, Wunden, die auch den Bezug zu ihrer Krankheit erkennen ließen.

Geschichte des Otto B.

Otto B. zeigte, wie wir von ihm erfahren durften, schon als Kind handwerkliche Fähigkeiten. Entsprechend hatte er auf Anraten seiner Eltern nach erfolgreichem Abschluss der Polytechnischen Oberschule eine Lehre als Feinmechaniker begonnen und trotz der Unterbrechungen durch den Dienst bei der Volksarmee mit Auszeichnung abgeschlossen. Solche Fähigkeiten waren allgemein gesucht. Und er fand alsbald die Anstellung bei einem Bekannten, der in einem Vorort von Berlin eine Reparaturwerkstätte für Fahrräder unterhielt.

Eine Werkstatt, die Tradition hatte, schon von dessen Vater betrieben worden war.

Da in dem Betrieb neben Otto nur ein weiterer Mechaniker und eine Schreibkraft beschäftigt waren, hatte der Staat kein Interesse erkennen lassen, die Werkstatt in einen volkseigenen Betrieb umzuwandeln. Das hätte die Freude an der Arbeit auch entscheidend getrübt. Außerdem bestand, wie es von Staats wegen hieß, bei der Bevölkerung ein entsprechender Bedarf für Leistungen solch selbstständiger Kleinbetriebe. Und so blieb die Werkstatt von einer Verstaatlichung verschont. Nach einigem Kampf wurde ihr sogar die begehrte Lizenz zum Verkauf neuer Fahrräder erteilt.

Ottos Fähigkeiten konnten von der Werkstatt bestens genutzt werden. Eine seiner Spezialitäten war die neue Bespeichung von Rädern. Das musste häufig erfolgen, denn die bei den Rädern verwendeten Metallspeichen waren zwar blendend verchromt, den Unbilden vielen Straßen aber nicht gewachsen. Sie brachen oder verbogen sich, reihenweise. Wenn ihre Reparatur schnell erfolgen sollte, und das war häufig der Fall, konnte der dankbare Händedruck schon mal etwas ›beschwert‹ sein. Otto war Meister im Entwickeln von Hilfswerkzeugen, die nicht einfach oder gar nicht zu beschaffen waren, etwa jenes Werkzeug, mit dem man einen defekten Zahnkranz abziehen konnte. Häufig baute er aus brauchbaren Resten alter Fahrräder neue zusammen. Auch solche Konstruktionen verkauften sich nicht schlecht. Unter dem Ladentisch, versteht sich.

Otto hatte also bis zur Wende als Fahrradmonteur gearbeitet und für seine Familie nicht zuletzt wegen des Verkaufs mancher Bückware einen weit überdurchschnittlichen Verdienst nach Hause bringen können. Mit Hilfe von Freunden konnte ein eigenes Häuschen ausgebaut werden. Die Ehe verlief bislang harmonisch, zwei gesunde Töchter wuchsen heran. Auf den Lada mit Anhängerkupplung hatte die Familie zwar lange warten müssen. Der stand aber auch eines Tages vor der Tür.

Und dann kam diese Wende. Und nichts war mehr so wie zuvor.

Plötzlich wurde es, aus welchen Gründen auch immer, schwierig, von der MIFA oder dem Diamantwerk neue Fahrräder geliefert zu bekommen. Bestellungen konnten nicht mehr eingehalten werden. Bald blieben die Lieferungen ganz aus. Normen und Kundenwünsche änderten sich von jetzt auf gleich. Felgen bitte nur noch mit einer Verspannung durch bruchsichere Edelstahlspeichen. Aus dem Westen. Die anfälligen Tretlager, die plötzlich ausbrechen konnten, durch jene aus Aluminium ersetzen. Aus dem Westen. Wenn solches Auswechseln bei einem Fahrrad der Diamantwerke überhaupt möglich war. Viele in der DDR angefertigte Einzelteile, etwa die Dynamos oder die Lampen aus dem Kombinat Fahrzeugelektrik in Ruhla, hatten sich als wenig anfällig und als ausgesprochen langlebig erwiesen. Sie waren plötzlich nicht mehr gefragt. Warum das so war? Es blieb ein Rätsel, konnte Otto fassungslos, ja konnte ihn fast wütend machen.

Nach der Reparatur von Fahrrädern wurde immer weniger und schließlich nur noch in Ausnahmefällen gefragt. Selbst für das einst so begehrte Klapprad, den »Trabi auf zwei Rädern«, gab es kaum noch Bedarf. Jeder verlangte nach den neuen, den bunten Rädern aus dem Westen. So war der Betrieb gezwungen, seinen Schwerpunkt auf den Handel mit solchen Fahrrädern zu verlegen.

Das Geschäft lief in den ersten Monaten überraschend gut, besser als je zuvor. Der Bedarf an neuen Rädern aus dem Westen war kaum zu stillen. Fast jede Woche wurde fabrikneue Ware angeliefert. Otto musste sich zunehmend mit, wie er meinte, minderwertigen Aufgaben begnügen: Pappkartons entfernen, Pedale nach außen richten, den Lenker in die richtige Position bringen. Und dann galt es vielleicht noch, den Sattel auf die Körpergröße des ungeduldigen Käufers einzustellen. Das war's schon. Seine Fähigkeiten, das technische Verständnis, die Improvisationskunst waren nicht mehr gefragt. Aus.

Kaum war im Sommer 1990 die ersehnte Westmark eingeführt, geschah etwas, was den Verkauf neuer Fahrräder und damit das ganze Geschäft in der Werkstatt einbrechen ließ. Otto war selbst Zeuge geworden, wie auf dem Marktplatz der Vorstadt ein Lastwagen westdeutscher Zulassung Halt gemacht hatte. Von der Ladefläche wurden Fahrräder gehoben, möglicherweise Westware, zum Teil original verpackt, zum Teil auch nicht. Bunte, chromblitzende Fahrräder mit ihren Gangschaltungen, dem ersehnten Luxus. Und wie in der Manier eines billigen Jakobs wurde verkauft und verkauft. Angenommen wurde, was angeboten wurde, Westmark wie Ostmark. Ob eine Erlaubnis für diesen Handel vorlag? Keiner wusste es, war auch unwichtig. Gab es eine Garantie für die erstandene Ware? Keiner wusste es, war auch unwichtig. Gab es schon deshalb nicht, weil der Wagen über Nacht verschwunden war, Ziel wie Herkunft unbekannt. Die Fahrräder schienen preiswert, dafür nach wenigen Monaten defekt. Meist lag es an der Gangschaltung, wegen der man das Rad im Wesentlichen erworben hatte.

Zu allem Unglück musste Ottos Chef feststellen, dass ihm seine neuen Fahrräder von den Großhändlern aus Westdeutschland viel zu teuer verkauft worden waren. Kein Wunder, dass er sie immer schwerer loswurde. Und ein oder zwei Wochen später stand dann erneut ein Lastwagen mit Westkennzeichen auf dem Platz, ein ähnlicher Handel mit Fahrrädern sollte sich abspielen.

Das Unvermeidliche trat ein. Ende des Jahres, der Winter 1990 hatte sich früh angekündigt, gestand ihm sein Freund und Arbeitgeber, er hätte Schulden, es täte ihm leid, aber er könne sein Gehalt nicht auszahlen. Und um ehrlich zu sein, er finde auch keine rechte Verwendung mehr für ihn. Er müsse ihn bitten, so schwer es ihm falle, sich nach einem anderen Arbeitsplatz umzusehen und möglichst umgehend.

Die Nachricht, wenn auch fast befürchtet, traf Otto wie ein Schlag. Nach fast dreißig Jahren eines festen Arbeitsplatzes sollte er, gerade erst fünfzig geworden, plötzlich, wie sagt man, auf der Straße stehen. Wie sollte das vor sich gehen? Wie konnte er in eine solche Lage geraten? Wo sollte jetzt sein Lohn herkommen? An wen sollte er sich wenden, wo sollte er wieder Arbeit finden? Und welche sollte es dann sein? Und die Familie?

Der Weg nach Hause fiel ihm schwer. Die Nachricht, wie erwartet, machte Frau und Töchter fassungslos. Ehemann und Vater arbeitslos. Unglaublich. Kopfschütteln. Verzweiflung. Wie konnte so etwas möglich sein? Das gibt's doch nicht. Wohin sollte man sich jetzt wenden? Arbeitslosigkeit ein Begriff, der der Familie völlig unbekannt war. Bisher kannte man höchstens Menschen, die sich vor der Arbeit gedrückt hatten. Und das waren in der Regel verkrachte Existenzen, wie man sie nannte, oft mit einem Alkoholproblem. Die Tage schlafloser Nächte sollten beginnen.

Aber rumsitzen und warten, was da kommen könnte, das gab es nun auch nicht. Im benachbarten Dorf hatte jemand einen Imbissstand aufgestellt. An der Menschenmenge, die dort auf eine Curry- oder Bratwurst oder eine Boulette wartete, war zu erkennen, dass sich ein solches Geschäft lohnen musste. Das war es, das kann ich auch, war Otto überzeugt. Er hob einen Großteil seines Ersparten von der Bank ab und machte sich in den Westen, um sich dort nach einem ähnlichen, möglichst fahrbaren Imbissstand umzusehen. Überraschend schnell wurde er fündig, konnte einen zum Verkaufsstand umgebauten Wohnwagen erwerben und mit seinem Lada nach Hause schleppen.

Zu Hause musste er zwar feststellen, dass der Unterboden durchgerostet war. Aber mit der Hilfe von Freunden konnte der Wagen wieder flott gemacht werden. Auch beim Einbau des Holzkohlengrills und eines großen Kühlschranks war man behilflich. Schon nach wenigen Wochen konnte Otto den Wagen aufstellen und mit dem Verkauf von Curry- und Bratwürsten beginnen. Er hatte sich dafür eine Genehmigung, ein überraschend unkomplizierter Vorgang, für die Aufstellung am Anger, dem großen Platz einer in der Nähe Berlins gelegenen Siedlung, eingeholt.

Das Geschäft lohnte sich. Schon wenige Stunden nach Eröffnung des Standes war der Vorrat an Würsten verkauft. Etliche Kunden, die vergeblich angestanden hatten, waren schon unwillig geworden. Er musste sie beruhigen. Keine Würstchen mehr, ausverkauft. Das war ja wie im Osten.

In den folgenden Tagen sollte das nicht mehr vorkommen. Bald verkaufte er 200 Würste am Tag und auch mal mehr und konnte nach Abzug der Unkosten täglich bis zu 100 Mark nach Hause bringen. Unglaublich. Es zeigte sich, dass auch die Samstage und die Sonntage, wirtschaftlich gesehen, besonders einträglich waren. Also wurde ab jetzt die ganze Woche durchgearbeitet. Die Kosten für die Anschaffung des Wagens waren schnell erwirtschaftet. Je fettiger Ottos Haar war, je mehr er nach Holzkohle und verbranntem Fett roch, desto dicker fühlte sich am Abend sein Geldbeutel an. Das freute Frau und Töchter, wenngleich sie mit der Abwesenheit des Ehemannes und Vaters nun auch an den Wochenenden nicht so recht einverstanden waren.

Dessen ungeachtet, wurde nach einem halben Jahr ein weiterer Wagen angeschafft. Jetzt war es der Wohnwagen, den ein Nachbar loswerden wollte und den Otto für wenig Geld übernehmen konnte. Nach eigenen Vorstellungen wurde der Wagen zum Verkaufsstand umgebaut. Für seinen ersten Wagen stellte er einen Bekannten an. Den neuen, den er jetzt nach Genehmigung auf dem Marktplatz in der nahen Kleinstadt aufstellte, bewirtschaftete er selbst. Während die Zahl verkaufter Würste im ersten Stand nachließ, brummte sein Laden in der Stadt. Die Bekanntschaft mit der Gesundheitsbehörde konnte überstanden werden, nachdem einige Auflagen erfüllt waren.

Nach einem Jahr war der Entschluss gefasst, auch in seiner eigenen Siedlung einen Stand aufzustellen. Bedarf bestand sicher. Und seine Frau hätte den Verkauf überwachen können. Ein Standplatz war schon ausgemacht. Er lag zwar gegenüber dem Gasthaus »Zum Grünen Baum«. Dort wurde aber erst gegen Abend geöffnet, dann wollte er seinen Stand schon wieder geschlossen haben.

Inzwischen war seine Ehe, ohne dass er es so recht bemerkt hätte oder bemerken wollte, in eine Krise geraten, eine schwere Krise, die anhalten sollte. Schließlich trennte sich seine Frau von ihm trotz des zunehmenden Wohlstandes. Ihr waren die Arbeit am Stand, die ständige Abwesenheit des Ehemannes auf die Nerven gegangen. Den abendlichen Bratwurstgestank, seine stets fettigen Haare, den üblen Geruch seiner Haut und seiner Kleider empfand sie als zunehmend abstoßend. Vielleicht war es auch noch etwas anderes, was wir nicht wissen.

Mit dem Tag der Trennung sollte es abwärts gehen. Jetzt konnte Otto nicht mehr entgehen, dass jene Bekannten, die er in seinen Buden angestellt hatte, mit den erzielten Einnahmen auf ihre Weise umgegangen waren, wenn er abends verkaufte Würste und vorhandenes Geld in der Kasse verglich. Das Unglück brach herein, als eines Tages das Finanzamt erschien und einen Überblick über seine Einnahmen wünschte. Da er Bilanzen nicht vorweisen konnte, teilte man ihm schließlich mit, eine fünfstellige Summe an Steuern sei nachzuzahlen. Auch hatten die Anstellungsverhältnisse seiner wechselnden Verkäufer nicht den Vorschriften entsprochen. Er hatte versäumt, die notwendigen Kranken- und Sozialkassenbeiträge einzuzahlen. Alles war bisher auf Kumpelbasis erfolgt. Die freie Marktwirtschaft war nicht so frei, wie er sich das vorgestellt hatte.

Otto B. war pleite. Zu allem Unglück kam es auch noch zu einer Gerichtsverhandlung. Da er bisher unbescholten gewesen war, beließ man es bei einer Geldstrafe. Aber die Schulden beim Finanzamt und ein Teil der ausstehenden Sozialabgaben mussten gezahlt werden. Per Gerichtsbeschluss wurde der Verkauf zweier seiner Stände verfügt. Den dritten Stand in seiner Wohnsiedlung wollte man ihm belassen. Mit den dort zu erzielenden Einnahmen sollte er über die Jahre die Schulden abstottern.

Das ging eine Weile ganz gut. Seine ihm zuletzt verbliebene Imbissstube, jene direkt gegenüber dem Gasthaus »Zum Grünen Baum«, war schnell zu einem beliebten Treffpunkt geworden. Der »Grüne Baum« hatte übrigens ein halbes Jahr zuvor wegen ausbleibender Gäste aufgeben müssen. Seitdem war da drüben zu, Türen und Fenster vernagelt. Konkurrenz ging von dort nicht mehr aus.

Eine der Töchter wohnte mit ihrer Familie in der gleichen Siedlung. Sie hatte ihrem Vater schon ein Jahr zuvor empfohlen, doch nicht den 23. Dezember, so kurz vor dem Fest, für eine Abschlussfeier zu wählen. Aber er konnte nicht absagen. Zu viele treue Kunden hatten sich angesagt, sie wollten alle kommen und mit ihm feiern. Es war auch wie üblich jener Tag, an dem der Stand bis einschließlich Januar geschlossen bleiben sollte.

Wie er in jener Nacht nach Hause gekommen war, es musste, wie Zeugen später berichteten, noch vor Mitternacht gewesen sein, daran wird ihm später jegliche Erinnerung fehlen.

Am nächsten Morgen, dem 24. Dezember, war der Schwiegersohn auf dem Weg, für seine junge Familie Brötchen einzukaufen. Einen Bäcker gab es noch. Der Rückweg des Mannes sollte am Haus des Schwiegervaters vorbeiführen. Im Oberfenster der Haustür erkannte er Licht. Ungewöhnlich, dachte er. Geh ich doch mal klingeln und schau nach, was da los ist. Als sich auch nach Rütteln und Klopfen an der Tür niemand meldete, wurde er unruhig. Eilig brachte er die Brötchen nach Hause und kam mit den Schlüsseln zum Haus des Schwiegervaters zurück. Die Tür ließ sich mühelos öffnen, wenn auch nur einen Spalt. Jemand musste von innen einen schweren Gegenstand vorgelegt haben. Endlich gelang es ihm, die Tür soweit aufzudrücken, dass er seinen Kopf vorsichtig durch den Spalt stecken konnte. Jetzt erkannte er den Schwiegervater regungslos auf dem Boden liegend, den Kopf, von der halb geöffneten Tür leicht zur Seite gedrückt, in einer teilweise angetrockneten Blutlache.

Er drängte sich vorsichtig durch die Tür. Als er Otto ansprach, meinte er, etwas Bewegung in dessen Gesicht gesehen zu haben, so als ob der die Augen öffnen wolle. Mehr war es aber nicht. Bei weiterer Ansprache oder auch nach Rütteln des Körpers keinerlei Reaktion. Die schnelle medizinische Hilfe wurde gerufen, Otto auf die Notaufnahme des ortsnahen Krankenhauses gebracht und von dort, da man sich mit dem Fall überfordert fühlte, in das nächst gelegene größere Krankenhaus verlegt. Schnell war die Diagnose gestellt: ausgedehnte, blutverkrustete Platzwunde am Hinterkopf, Bruch des Schädelknochens, Bluterguss innerhalb des Schädels und Quetschung des Stirnhirns. Operative Maßnahmen erschienen nicht notwendig.

Nach einigen Tagen begann Otto, wach zu werden. Er nahm langsam wieder Kontakt mit der Umwelt auf, konnte sich aber an nichts erinnern, war unruhig, wusste noch über viele Tage nicht, wo er sich befand und warum. Die Ursache des Sturzes blieb unklar. Am Morgen der Aufnahme in die

Notfallzentrale der Klinik hatte ein Test keinen nennenswerten Alkoholspiegel nachgewiesen. Also Trunkenheit, obwohl naheliegend, war es nicht, die als Ursache für den Treppensturz hätte infrage kommen können. Hatte ihn etwa jemand die Treppe hinuntergestoßen? Die Frage sollte offen bleiben. Otto konnte sich an nichts erinnern. Natürlich kamen einige Neider infrage, denen so etwas zuzutrauen war. Gerüchte kursierten in der Siedlung.

Ein Vierteljahr dauerten Aufenthalte in Akut- und Rehabilitationskliniken, bis Otto schließlich nach Hause entlassen werden konnte. Auch dort war er noch eine Weile auf fremde Hilfe angewiesen. Etwa ein halbes Jahr nach dem Sturz schaute er erstmals wieder nach seinem Stand, der bis dahin geschlossen war. Für ihn hatte es keinen Zweifel gegeben, die Imbissbude musste wieder aufgemacht werden. Was sollte er auch sonst machen?

Und tatsächlich kam dann der Tag der Wiedereröffnung. Otto hatte sich von seinem alten Lieferanten ausreichend mit Würsten und Brötchen versorgen lassen, hatte ein Schild malen lassen mit der Aufschrift »Drei-Gänge-Menü: Wurst, Senf und Brötchen«. Und konnte sich vor Kundschaft kaum retten. Man begrüßte und beglückwünschte ihn, freute sich mit ihm, der ungewöhnlich viel scherzte, dass sein Stand wieder geöffnet und er wieder gesund sei. In der ansonsten sterbenden Siedlung ein Lichtblick. So schien es.

Otto hatte schon zuvor bemerkt, dass seit dem Unfall irgendetwas mit ihm nicht stimmen konnte. Er nahm den Geruch der Curry- und Bratwürste nicht richtig wahr. Oder nahm er ihn etwa gar nicht mehr wahr?

Es war so. Durch den Sturz auf den Hinterkopf war sein Gehirn nach hinten an den Schädelknochen geprallt. Dabei waren die vorn im Stirnbereich liegenden Riechfasern, die vom Riechnerv, dem ersten Hirnnerv, unter dem Stirnhirn durch feine Öffnungen im Knochen zur Schleimhaut der

Nase führen, abgeschert, abgerissen. Die Folge war der komplette Verlust des Riechvermögens. Nachdem nun immer häufiger Würste und Fleisch verbraten waren, schwarz wurden, oft gar verkohlten, sich um den Stand ein Geruch von verbranntem Fleisch verbreitete, ohne dass Otto dies aufgefallen wäre, ließ der Absatz seiner Angebote nach, kontinuierlich. Nach zwei Monaten hatte sich entschieden, der Versuch einer Neueröffnung war gescheitert. Otto musste den Stand schließen, endgültig.

Nun war er wieder arbeitslos. Ohne Verdienst, ohne Einkommen, ohne Rücklagen. Verlust jeglicher Sicherheit. Sozial gescheitert. Immer häufiger schreckte er nachts auf, schweißgebadet. Er meinte, Brandgeruch wahrgenommen zu haben. Irrtum. Essen geschmacklos, fade. Appetitverlust. Otto zweifelte an sich. Was er bisher nicht kannte, er wurde ängstlich. Er verließ die Wohnung immer seltener, stand erst gegen Mittag auf. Das war die Schwermut, die ihn gepackt hatte. Die Anwesenheit des Hundes, ein Geschenk der Kinder, vermochte kaum etwas zu verbessern. Ob er wusste, wie der Geruchssinn seines Hundes ausgebildet ist?

Im Zustand des Wachseins bedarf unser Gehirn des anhaltenden Informationszuflusses von außen, von der Umwelt. Wenn dieser Zufluss unterbrochen ist, etwa durch einen Verlust des Riechvermögens, beginnt das Gehirn, mit einem Eigenleben zu reagieren. Es produziert nun seinerseits Gerüche, die zunächst so wahrgenommen werden, als kämen sie von außen, von der Umwelt. Halluzinationen. Und so erging es auch Otto. Er wurde zunehmend von Gerüchen verfolgt, dazu den ungewöhnlichsten und übelsten, Gerüche, die es nicht gab, die es nicht geben konnte.

Wegen der Geruchshalluzinationen, die ihn anhaltend verfolgten, hatte er schließlich die Hilfe eines Arztes aufgesucht oder wurde von seinen Kindern geschickt. Über Umwege trafen wir zusammen. Er war einverstanden, in die

Vorlesung zu kommen, seine Geschichte zu erzählen und seine Beschwerden zu schildern.

Wir erlebten im Hörsaal mit der Geschichte des Otto B. mehrere schwerwiegende, an erster Stelle der Wende geschuldete biographische Brüche. Verlust des als gesichert geltenden Arbeitsplatzes. Erfolgreicher Neustart obwohl berufs- und ausbildungsfremd mit einem völlig neuen Geschäftsmodell. Trennung der Ehe. Erneuter Zusammenbruch, da Vorschriften der freien Marktwirtschaft nicht gekannt oder nicht berücksichtigt wurden. Neuanfang in reduzierter Form, aber unter dem Druck finanzieller Schulden. Treppensturz nach einer Feier. Als Folge des Sturzes Schädigung des Stirnhirns und Verlust der Riechfunktion. Letzter Versuch der Aufnahme einer sinnvollen Arbeit. Endgültiges Scheitern aufgrund des Riechverlustes. Appetitverlust. Auftreten von Geruchshalluzinationen. Depression. Abhängigkeit von den Sozialleistungen des Staates.

Gelernt werden konnte etwas zur Mechanik eines Schädelhirntraumas, die Einteilung nach Schweregraden, die Wirkung auf das Gehirn und seine Nerven, in diesem Fall speziell der Riechnerven. Das Entstehen von Halluzinationen.

Otto konnte man damit trösten, dass er nicht allein dastünde. Solche Beschwerden und Ausfälle seien nichts Ungewöhnliches. Mit dem anhaltenden Ausfall der Geruchsfunktion müsse er sich leider abfinden. Die Halluzinationen allerdings würden an Häufigkeit und Intensität nachlassen. In Ausnahmefällen könnten auch Medikamente dagegen eingenommen werden. Die Depression verlange, sollte sie anhalten, nach einer spezifischen Therapie. Die müsste dann ein Psychiater oder Psychotherapeut übernehmen.

So stellte sich eine ausführlich geführte ärztliche Anamnese dar.

Vorstellung bei Kollegen

Anlässlich der ersten Sitzung der leitenden Ärzte des klinischen und des Lehrbereichs der Charité, die jeden Monat im Gebäude der Mensa stattfand, hatte mich der Dekan vorgestellt und allen mitgeteilt, dass ich, obwohl kommissarisch eingesetzt, auch Stimmrecht hätte. Mit der Position eines Außenseiters musste ich mich allerdings abfinden. Ich spürte allenthalben das ›Was will denn der hier?‹ Freilich wagte der eine oder andere Kollege eine kurze Begrüßung oder ein flüchtiges Gespräch nach dem Motto, man freue sich. Das war dann aber auch alles.

Meist fehlte mir das Hintergrundwissen für die Diskussionen, die geführt wurden. Sie handelten von den aktuellen Veränderungen, von möglichen Forschungsprojekten, von Anträgen, der Unsicherheit beim Einwerben der sogenannten Drittmittel, häufig auch von beklagten organisatorischen Mängeln. Und nicht zuletzt von Angst. Ausgesprochen oder unausgesprochen von Angst. Angst vor Veränderung, Angst vor Verlust, Verlust der Stellung oder gar Verlust des Arbeitsplatzes.

Im Hinblick auf die vielen Ärzte an der Charité in leitender Position schien es mir unmöglich, mich bei allen in ihren Bereichen persönlich vorzustellen. Das hätte mehrere Wochen beansprucht, Zeit, die ich dringend für die Ordnung meiner Klinik benötigte. Zudem blieb es für mich in vielen Fällen unklar, ob dieser oder jener leitende Arzt noch tätig, selbst gegangen oder auch gegangen worden war. Nach der fristlosen Entlassung jenes Ordinarius einer anderen Abteilung, der mich auf Geheiß des Dekans zur Nervenklinik hatte geleiten müssen, war meine Motivation, mich bei einem Chef der Inneren Medizin vorzustellen, gebremst. Bei wem sollte das auch sein? Entscheidende Namen konnte mir vorübergehend niemand nennen.

Ich begann die Vorstellungstour bei meinem eigentlichen Vorgänger, Herrn Professor Schulze, der schon vier Jahre vor meinem Erscheinen in der Charité aus dem Dienst ausgeschieden, emeritiert war. Die Suche nach einem geeigneten Nachfolger sollte, der Wende geschuldet, bekanntlich in einem, man kann es so nennen, Chaos landen.

Man hatte Professor Schulze in nächster Nachbarschaft zum Direktor des Hauses, Professor v. T., ein Arbeitszimmer überlassen, um ihm weiteres wissenschaftliches oder organisatorisches Schaffen möglich zu machen. Schon ein- oder zweimal hatten wir uns unmittelbar nach der Wende außerhalb des Geländes der Charité – das war seine Empfehlung gewesen – in einem mir menschenleer erscheinenden Restaurant getroffen. Hatten Grützwurst und als Sättigungsbeilage in Butter schwimmende Schwenkkartoffeln mit Tomaten- und Gurkenscheibendekor zu uns genommen. Uns dabei mehrmals der Bereitschaft zur Zusammenarbeit Ost-West versichert.

Was mir bei diesen Treffen jedes Mal auffiel, war seine Kopfbedeckung. Eine Baskenmütze, leicht schräg versetzt, so wie sich das gehört. Entweder handelte es sich, wie ich später vermuten musste, um eine Form der Tarnung oder auch um den Hinweis, dass er zur Schicht der revolutionären Intellektuellen, zur Klasse der Arbeiter, vielleicht der Künstler gehöre. Womöglich hatte er sie sich aber auch nur wegen der mangelnden Kopfhaare aufgesetzt.

Die Begrüßung verlief jetzt ungewöhnlich steif. In seinem pastösen Gesicht deutete sich Schrecken an. Ich musste für Gesprächsstoff sorgen. Von Vorteil war, dass ich, wie schon in anderen Situationen, mit Wissen über die Vergangenheit meines Gegenübers unbelastet war und entsprechend unbefangen reden konnte. Professor Schulze war wohl davon ausgegangen, ich würde mehr wissen, seine aktive Funktion in der SED und seine Arbeit als IM Schumann kennen.

Vielleicht saß ihm auch noch der Schreck im Nacken, dass man seinen engen Wegbegleiter und Förderer, Professor Seidel, noch kurz nach dem Mauerfall wegen Schwarzhandels und Devisenvergehens in Untersuchungshaft gesteckt hatte. Sicher wusste er davon. Vielleicht hatte auch er von diesem Handel profitiert?

Ein Glück, ich wusste zu dieser Zeit noch nichts von alledem. Mir fiel aber schon auf, dass irgendetwas zwischen uns stehen musste, was nicht angesprochen werden konnte. Nachdem das Gespräch trotz mehrerer von mir ausgehender Anläufe nach kurzer Zeit im Sande verlaufen war, zog ich es vor, mich zu verabschieden. Beim Verlassen des Zimmers bat ich noch, ob er mich bei meinen Arbeiten doch unterstützen und mir Ratschläge, wie ich mich verhalten solle, geben möge. Was er versicherte. Wir haben uns noch ein- oder zweimal auf den Gängen gesehen, dann aber eher wie Fremde gegrüßt. Bis zu seinem Verschwinden. Er soll sich wenige Monate nach diesem Treffen auf seine am Wasser gelegene Datsche zurückgezogen haben.

Nach einigen Versuchen gelang es mir, einen Vorstellungstermin bei dem Direktor der Chirurgie, Professor Wolff, gewährt zu bekommen, dem bekanntesten und von allen innerhalb der Charité für besonders wichtig gehaltenen Arzt. Chirurgen genießen gemeinhin den Ruf, die eigentlichen Ärzte zu sein. Und dementsprechend benehmen sie sich auch. Das sollte im Westen wie im Osten ähnlich sein. Die Chirurgen der Charité waren es auch, die trotz klammer Kassen den Bau dieses riesigen Turms durchgesetzt hatten. Die internistischen Fächer hatten das Nachsehen gehabt, wie ich täglich an deren leergezogenen, ihrer Renovierung harrenden Gebäuden sehen konnte. Im ganzen Land hatte der Bau für Unmut gesorgt, weil er überdimensioniert war und allen anderen Kliniken die dringend notwendigen Mittel entzogen hatte.

Um den kostbaren Termin bei dem Chef der Chirurgie nur nicht zu verpassen, fand ich mich fünfzehn Minuten vor der Audienz im Hochhaus ein. Gute Gelegenheit, schnell mal mit dem Fahrstuhl bis nach ganz oben zu kommen. Der Fahrstuhl stoppte, als er den 19. Stock erreicht hatte. Auf den 20. zu kommen war unmöglich. Die Wege zur Staatssicherheit, die sich dort eingerichtet hatte, waren noch immer versperrt. Ich hätte mir auch gerne weiter oben auf dem Dach die Orte angeschaut, an denen die Kalaschnikows mit Mündung gen Westen positioniert waren. Viele an der Charité wussten von deren Existenz, sprachen aber nicht darüber.

Professor Wolff galt als die einsame Spitze chirurgischen Könnens, als wirkliche – wie nennt man es? – als Koryphäe, als Leuchtturm der Charité. Auf ihn gingen die ersten Organtransplantationen der DDR zurück, der prestigeträchtige Anschluss an westliches Know-how. Erst vor zwei Jahren waren ihm von der Republik der vaterländische Verdienstorden in Gold und der Ehrentitel »Hervorragender Wissenschaftler des Volkes« verliehen worden.

Ich fragte mich im Charité-Turm durch und gelangte schließlich pünktlich in das Vorzimmer des Direktors. Nach einigem Warten, diesmal stehend, geleitete mich die Sekretärin in das Arbeitszimmer des Professors. Wolff saß am anderen Ende des Zimmers hinter einem, wie zu erwarten, prächtigen, rechts und links mit Akten vollgeladenen Schreibtisch, blieb dort auch sitzen, als ich hereingeführt wurde. Ich musste also die etwa fünf oder noch mehr Meter von der Tür bis zum Schreibtisch des Professors zurücklegen. Kurzer Blick auf die dunkle Holztäfelung der Wände, die vom Boden bis zur Decke reichte. Hinter vielen verschließbaren Türen, der Wichtigkeit entsprechend, waren ebenso viele Bücher wie Akten zu vermuten.

Wolff erhob sich vom Stuhl, reichte mir, leicht über den breiten Schreibtisch gebeugt, kurz die Hand und bot mir

Platz an auf einem der vor dem Schreibtisch bereitstehenden Stühle. Ich spürte, dass Begrüßung und Besuch als lästig empfunden wurden und man diese Formalität so schnell wie möglich hinter sich bringen wollte. Das Wichtigkeitsgefälle von ihm zu mir war auch all zu groß. Er, der weltberühmte Transplantationschirurg, der Barnard der Charité, ich, der kleine Unbekannte, das Milchgesicht, diese Zecke aus dem Westen. Ein Glück, dass ich auch hier nichts von den Gerüchten angeblicher Organentnahmen von vorschnell zum Tode erklärten Menschen wusste. Auch nichts davon, dass man ihm kurz zuvor irgendwelches belastendes Material vorgelegt und ihm deshalb den Abgang von der Charité nahegelegt hatte. Hätte ich die Tageszeitungen gelesen, wären mir die Vorwürfe sicher nicht entgangen. Aber entweder wollte ich zu dieser Zeit keine negativen Nachrichten über die Charité hören, mit deren Schicksal ich mich zu identifizieren begann, oder ich fand zu wenig Zeit, auch noch die Zeitungen des Abends sorgfältiger zu studieren. Völlig unbelastet beantwortete ich seine Fragen, die von bemühter Neugier zeugten, vor allem aber um das Übliche kreisten, wer mich denn hierhergeholt, warum ich gekommen sei und was ich hier vorhabe.

»Na dann mal viel Erfolg! Alles Gute!« Und schon war ich wieder draußen.

Nach drei Wochen des Einlebens war es dann dringend an der Zeit, mich bei den Direktoren der Psychiatrischen Klinik, mit denen ich ja unter einem Dach arbeitete, offiziell vorzustellen. Es waren zwei Direktoren und mir konnte nicht erklärt werden, wer der eigentliche Leiter sei oder ob sich tatsächlich zwei Direktoren den Posten der Psychiatrieführung teilten. Ich besuchte zunächst jenen, der mir als Erster im Gang – oder war es auf der Treppe? – begegnet war und mit dem ich bei der Gelegenheit und aus Höflichkeit den ersten

Besuch vereinbart hatte. Er zog es vor, mich nicht in seinem Arbeitszimmer, sondern in einer Art Besprechungsraum zu empfangen, nüchtern und kalt eingerichtet. Für die ersten Augenblicke wirkte er unkompliziert und direkt, schien mir aber dann zunehmend gleich einer Katze auf Sprung zu sein, so als warte er auf die entscheidende Frage. War es die Angst, ich könne in einem bestimmten Auftrag erscheinen, etwa seine fachliche Qualität beurteilen, etwa sein Unbelastetsein anzweifeln? Dabei hatte ich keinerlei Interesse, seinen Geheimnissen, falls es sie geben sollte, auf die Spur zu kommen. War auch nicht mein Auftrag.

»Ach wissen Sie«, räsonierte er, »wir haben hier in der DDR und in unserer Charité immer eine fortschrittliche Psychiatrie gepflegt. Vor einem Vergleich mit der Psychiatrie der BRD müssen wir uns keinesfalls scheuen. Im Gegenteil, in manchen Bereichen waren wir Vorbild.«

Den staatlichen, mehrfach geübten Missbrauch, die unglückliche Verquickung der Psychiatrie mit dem Ministerium für Staatssicherheit, worunter etliche psychiatrische Kollegen in der DDR zu leiden hatten, die anhaltenden Gerüchte über die Verabreichung nicht angebrachter oder gar verbotener Medikamente an zu Delinquenten oder Staatsfeinden erklärten Menschen, diese Themen ließen wir selbstverständlich außer Acht.

»Wir erleben hier zwar so etwas wie einen Umbruch, das tangiert die Psychiatrie jedoch kaum«, fuhr er fort.

Die jüngsten Ereignisse über das Wegbrechen so mancher Kollegen aus der Charité wegen deren Verstrickung mit der Staatssicherheit streiften wir nur vorsichtig.

Er dann weiter, seine schlauen Augen blitzten: »Wissen Sie, die Entscheidungen der Charité, unterstützt von einer Einrichtung, die sich inzwischen nach ihrem Vorsitzenden gelegentlich auch Gauck-Behörde nennt, sind in den meisten Fällen von einer Ungerechtigkeit, ich sage Ihnen, ich kann nur den Kopf schütteln. Und sehen Sie, vielleicht ist es Ihnen auch schon zu Ohren gekommen, in etlichen Fällen haben die Entlassungen, zum Teil ja von jetzt auf gleich erfolgt, auf richterlichen Erlass wieder zurückgenommen werden müssen. Mir fehlt jedes Verständnis. Sie können mir glauben, ich habe dazu eine eigene Meinung. Und übrigens, vielleicht auch wichtig, eine völlig reine Weste, was das anbelangt.«

Was lag da unausgesprochen in der Luft? Etwa die Vorstellung, dass die Professoren bisher weniger nach ihrer wissenschaftlichen Qualifikation, sondern eher nach ihrer politischen Zuverlässigkeit ausgesucht und berufen worden waren? Ich musste aufmerksam bleiben, um zu verstehen, was mein Gegenüber zwischen den Zeilen ausdrücken wollte.

»Ich habe den Eindruck, die Kollegen der Psychiatrie weichen meiner Person aus«, wagte ich zu bemerken. »Vielleicht aus Sorge, ich könnte sie fragen, ob sie nicht zur Neurologie wechseln wollten?« Das war eine leichte Provokation.

»Nein, nein«, entgegnete er, »wo denken Sie hin. Wir sind ein eingeschworenes Team. Hier will niemand weg und niemand wechseln. Sie können mir glauben, hier leidet auch niemand an Ängsten vor irgendwelcher Veränderung. Wie die Leitung der Psychiatrie in Zukunft aussehen wird, gewiss, das ist noch nicht endgültig entschieden. Wir benötigten in dieser Hinsicht aber keinesfalls personelle Bereicherung oder Anregungen aus dem Westen.«

Dann spürte ich, dass das Gespräch beendet werden sollte.

»Haben Sie schon meinen Kollegen besucht?«

Ich verneinte, ergänzte aber, dass ich das baldigst nachholen wolle.

»Na dann viel Spaß«, meinte er schmallippig. Ich verstand nicht recht.

Bald konnte ich den zweiten Direktor der Psychiatrie, Professor L., besuchen. Es musste sich nach meinen Erkundigungen um den eigentlichen Direktor der Klinik, um den Ordinarius handeln, denn er rangierte als der ordentliche, der andere, den ich zuerst besucht hatte, nur als der außerordentliche Professor.

Er freue sich ganz besonders auf meinen Besuch, hatte er mir noch mitteilen lassen. Nun öffnete Professor L. mir die Tür. Er gab mir die Hand, ein matter, feuchter Händedruck. Das rechte Bein zog er etwas nach. Seine Sorgenfalten mussten Jahre benötigt haben, bis sie diese Tiefe erreicht hatten. Das Arbeitszimmer hatte die Ausmaße, die mir inzwischen bekannt waren. Schwere Gardinen ließen auch hier wenig Licht in den grauen Raum. Ich durfte an dem ovalen, einstmals sicher für Essenszwecke gezimmerten Ausziehtisch, Ende 19. Jahrhundert, Platz nehmen. Das Mahagoni-Furnier der Tischplatte hatte sich an manchen Stellen gewellt, an anderen war es abgewetzt oder abgeplatzt, sodass die traurige hölzerne Unterlage, eine Art Tischlerplatte, gedunkelt zum Vorschein kam. Eine mit Spitzen durchsetzte, weißliche Tischdecke – ich versuchte vergebens, über einen größeren Kaffeefleck hinwegzusehen – gab sich Mühe, die Situation etwas aufzubessern, vermittelte dem Ganzen aber erst recht eine Stimmung, die an Untergang erinnern musste.

Wir kamen nur stockend ins Gespräch. Zunächst stellte auch er die üblichen Fragen, wollte etwas über meine Herkunft und meine Beweggründe wissen, warum ich hier an die Charité gekommen sei. Meine Antworten schienen ihn aber nicht sonderlich zu interessieren.

»Sie werden es vielleicht schon gemerkt haben. Das hier ist kein einfaches Pflaster«, begann er, »ich denke, da müssen Sie sich vorsehen. Aber wahrscheinlich werden Sie Ihre eigenen Erfahrungen machen müssen.« Das klang nach einer Warnung. Aber vor was oder vor wem nur?

Er erzählte mir dann von seinem Werdegang. Wie schwer es ihm gemacht worden sei unter dem Sozialismus der DDR, seine Vorstellungen einer psychosomatischen Medizin zu etablieren. »Auch meine Veröffentlichungen zur Suizidalität in der Bevölkerung passten überhaupt nicht in die Vorstellungen, die man sich von der DDR machen sollte.«

Als er zunehmend Vertrauen entwickelt und den Eindruck bekommen hatte, bei mir könnte doch so manches gut aufgehoben sein, begann er Stück für Stück auszupacken. »Ach, wissen Sie«, sagte er, »Sie machen sich ja keine Vorstellungen. Vor ein paar Monaten habe ich um Einsicht in meine Stasiakte gebeten, also den vorgeschriebenen Antrag ausgefüllt. Jetzt habe ich sie endlich einsehen können. Vielleicht wäre es besser gewesen, ich hätte es nicht getan. Was glauben Sie, ich bin aus allen Wolken gefallen. Ja ich bin völlig erschüttert, wer sich – und ich will jetzt lieber keine Namen nennen – wer sich dort über mich ausgelassen hat. Mitarbeiter, Kollegen, ja Freunde, von denen ich annahm, mit ihnen ein gutes Verhältnis gepflegt zu haben, mit denen ich fast täglich zusammengearbeitet habe. Die haben mich dort, wenn ich es recht übersetze, für so etwas wie inkompetent erklärt. Stellen Sie sich vor, ich sei allgemein unfähig, und deshalb auch unfähig, eine Klinik zu leiten. Wollen Sie weiter hören?« unterbrach er sich.

»Herr Kollege, stellen Sie sich das vor, Menschen, mit denen ich täglich zusammengearbeitet, auch wissenschaftlich, mit denen ich ein freundschaftliches Verhältnis gepflegt habe, mit denen ich zwar selten, aber doch mal abends ein Bier getrunken habe, schreiben hinter meinem Rücken, ich sei inkompetent. Nie hat jemand offen oder unter vier Augen mit mir gesprochen. Sie werden vielleicht wissen, was ich geschrieben habe, Bücher, Veröffentlichungen, die auch gerne gelesen werden. Und jetzt: Ich sei inkompetent. Für mich ganz eindeutig: Man will mich hier auf geschickte Art und Weise loswerden. Und das obwohl ich seit Jahren den Posten des Direktors innehabe. Ich habe mir nichts zu Schulden kommen lassen, ich habe nie dem Staatssicherheitsdienst über andere berichtet, auch wenn man mich mehrmals, das kann ich Ihnen ja heute sagen, darum gebeten, ja manchmal fast drohend dazu aufgefordert hatte. Ich war nicht mal Parteimitglied. Aber vielleicht ist es gerade das, was man mir anlastet.« Nach einer Pause ergänzte er: »Ich bin mir jetzt sicher, in dieser Klinik gibt es mehr Denunzianten und Übelredner, als man sich vorstellen kann.«

Ich spürte, dass er mehr wusste.

Als er mir nach diesem ausführlichen Bericht kurz das Gesicht zuwandte, sah ich zu meinem Schrecken Tränen in seinen Augen. Auf eine solche Situation war ich nicht gefasst, ich fühlte mich überfordert. Die sichtbar gewordene Verzweiflung eines Kollegen, eines Ordinarius der Psychiatrie, damit konnte ich nur schwer umgehen, das war mir mehr als peinlich. Wie hätte sich mein Trost, der plötzlich gefordert war, auch ausdrücken sollen? Dann erinnerte ich mich, wie man sich in den Gängen der Klinik wegen eines Unfalls, den er erlitten haben sollte, über seine angeblich dadurch eingetretene Veränderung hin zum leicht aufbrausenden, vielleicht auch etwas distanzgeschwächten Verhalten lustig gemacht hatte. Er sei von seinem Gönner, Karl Seidel, so erzählte man sich, aus Dresden an die Charité geholt und nur deshalb auf den Posten des Direktors der Psychiatrie gehoben worden, weil man wusste, dass man mit ihm als eine Art Dummy wie mit einer Schachfigur verfahren könne. Seidel, Träger des Vaterländischen Verdienstordens und des Nationalpreises der DDR, selbst einige Jahre den Posten des Direktors der Nervenklinik innehabend, habe sich, sollte er aus irgendeinem Grund an die Charité zurückkehren müssen, den Platz des Direktors der Klinik sichern wollen, indem er einen schwachen Platzhalter, eben diesen Professor L., an die Stelle gesetzt habe.

Ich versuchte, mein Gegenüber damit zu trösten, dass auch ich hier nur auf Widerruf arbeiten würde und mich bald wie alle anderen auf die jetzige Stelle bewerben müsse. Falls ich das überhaupt wolle. Ich war mir aber bewusst, dass man unsere beiden Anstellungsverhältnisse keinesfalls vergleichen konnte. Er war jedenfalls auf Lebenszeit berufen, ich nur vorübergehend und als eine Art Aushilfe angestellt. Für ihn war die durch die Wende eingetretene Unsicherheit, was seinen Arbeitsplatz anbelangt, völlig neu, unvorstellbar, dazu eine kaum beschreibbare Kränkung. Für mich etwas, an das man von Beginn der Arbeit an einer Universität gewöhnt war. Ich verabschiedete mich von ihm und versprach, in den nächsten Monaten, falls er dies wünsche, gerne weitere Besuche bei ihm zu machen. Er würde sich darüber freuen, versicherte er mir.

Es sollten Besuche folgen, die nun zunehmend den Charakter des Konspirativen annahmen. Besuche bei jemandem, von dem alle überzeugt waren, dass er es sei, der auf der Abschussliste stünde. Mit dem man also nicht mehr rechnen, den man auch nicht mehr ernst nehmen, mit dem man nicht mehr reden müsse. Der ausgesondert werden, seinen so viele Jahre als gesichert erscheinenden Posten verlieren sollte. Wie angeschossen, wie geschwächt musste er sich in seiner Leitungsposition fühlen!

Professor L. empfing mich jedes Mal freudig, versuchte seine Unsicherheit mit durchsichtigem Humor zu überspielen, berichtete dann aber auch stets von den mir inzwischen bekannten Eintragungen in seiner Akte, auch davon, dass ihm das Leben immer schwerer gemacht würde. Wie er gehört habe, sei er nicht einmal auf die neue Berufungsliste der Charité für die Psychiatrische Klinik aufgenommen worden. Dann versank er regelmäßig in ein schwermütiges Schweigen. Von wem die Eintragungen in seine Stasi-Akte stammten, wollte er mir weiterhin nicht verraten. Nur so viel: »Passen Sie sorgfältig auf, was Sie in dieser Klinik zu wem sagen.« Jedenfalls könne er mit der Situation nicht mehr zurechtkommen.

Was ich aber dann – und wie so vieles immer nur gerüchteweise – erfuhr, war dies. Eine junge, man sagte auffällig attraktive Ärztin hatte damals bei ihm nach der Möglichkeit einer Arbeit gefragt und diese Möglichkeit auch erhalten. Im Laufe der Arbeiten erlag der Direktor der Klinik für Psychiatrie dem Zauber dieser Frau und entwickelte eine wohl als leidenschaftlich zu bezeichnende Beziehung zu ihr. Denn oft wurden die beiden auch außerhalb des Klinikums gesehen. Dann kamen die Wende und die Möglichkeit der Einsichtnahme in die Akte der Staatssicherheit. Die liebgewonnene Ärztin entpuppte sich als eingeschleust. Ausführlich soll sie beschrieben und weitergeleitet haben, wie unfähig und wie lenkbar ihr verehrter Professor sei, völlig ungeeignet für den Posten an einer Klinik der Psychiatrie.

Einige Zeit nach meinem letzten Besuch war der Direktor der Psychiatrie nicht mehr in der Klinik erschienen, und alle Mitarbeiter wussten schon vor mir, was sich zugetragen hatte. Es ging das Gerücht, man habe ihn noch am Vortag am Straßenrand mit einer Rose in der Hand gesehen. Wahrscheinlich habe er auf jemanden gewartet. Und so viel konnte rekonstruiert werden: Am selben Abend soll er in einem Akt tiefer Verzweiflung einen Selbstmordversuch unternommen haben. Später erfuhr ich, es sei schon sein zweiter Versuch gewesen. Nach allgemeiner Erfahrung erfolgt nach einem einmal abgebrochenen oder misslungenen Suizidversuch nur selten ein zweiter. Hier war es anders.

Obwohl dringend therapiebedürftig, hatte er wenige Tage nach dieser ersten Suiziddemonstration sein Amt als Ordinarius weitergeführt, so als ob nichts geschehen sei. Jetzt sollte ihm die freie Zugänglichkeit zu wirksamen Medikamenten zum endgültigen Verhängnis werden.

Tatsächlich muss er sich, nachdem er in einer Art Kurz-schlusshandlung die Überdosis eines stark wirkenden Schlafmittels eingenommen hatte, die Nähe der Charité meidend, nach Westberlin begeben haben. Dort hatte er den Rettungsdienst angerufen oder sich auch direkt an die Not-aufnahme eines Krankenhauses gewandt. Wie die Stunden von der Einnahme des Medikamentes in suizidaler Absicht als letzte depressive Energie bis hin zu der Einsicht, dass dies doch nicht der richtige Weg für ihn sei, abgelaufen sind, war nie zu erfahren. In der Notaufnahme des Kreuzberger Krankenhauses soll er die Einnahme der Überdosis eines Schlafmittels angegeben und wie zu erwarten um die ent-sprechende Therapie, das heißt um die Entgiftung, gebeten haben. Wie sich später herausstellen sollte, hatte man ihm seine Angaben, er habe die hohe Dosis eines Barbiturates ein-genommen, nicht so recht abgenommen. Was der Professor der Psychiatrie den behandelnden Ärzten dieser Klinik tat-sächlich angegeben hatte, blieb unklar. Zumindest reichten die eingeleiteten Rettungsversuche nicht aus, ihn ins Leben zurückzurufen. Er erlitt einen Atemstillstand, versank in ein Koma, aus dem er nicht mehr erwachen sollte.

Als tief bewusstloser Patient wurde er vom Kreuzberger Krankenhaus auf die Intensivstation seines »Heimatkran-kenhauses«, der Charité, verlegt. Tage später stattete ich ihm einen Besuch ab. Es sollte der letzte werden. Er war kaum wiederzuerkennen. Aus seinem und in seinen Körper führ-ten Schläuche, er war mit Kabeln verbunden, seine Lunge beatmet, die Wangen eingefallen, die geschwollenen Augen mit dicker Paste eingecremt. Neben seinem Bett ein Turm von Monitoren. Blinken von Kontrolllampen, Oszillieren von Kurven. Es bestand keine Aussicht auf Genesung. Das sorgengeplagte Gehirn hatte abgeschaltet, für immer.

Offensichtlich hatten andere, die ihn eigentlich hätten bes-ser kennen sollen als ich, das Ausmaß seiner Verzweiflung, die Risiken seiner Depression nicht richtig eingeschätzt. Hatten ihn sich selbst überlassen. Er hatte während seiner Dresdner Zeit doch selbst über Depression und Suizid wissenschaftlich gearbeitet, vielfach darüber veröffentlicht, hätte eigentlich wissen sollen, was man dagegen tun kann, wie man damit umgeht oder wo man Hilfe empfangen könnte. Meinerseits eine völlige Fehleinschätzung. Vielleicht war es eine Verzweiflungstat oder aber eher ein Hilferuf, der falsch interpretiert, nicht verstanden worden war. Also ein Unfall? Hätte ich ihm helfen können oder müssen, wo ich doch mehrmals bei ihm war und vielleicht auch mehr wusste als andere? War es etwa Liebeskummer, schon wegen dieser Rose in der Hand, mit der er am Vortag angeblich gesehen worden war? Ein Gerücht, das man in der Klinik gerne und möglicherweise mit Absicht verbreitete. War es seine berufliche Situation, die er nach den Eintragungen in seiner Personalakte als ausweglos beurteilt hatte? Oder war es der Hinweis, dass er nach einer negativ verlaufenden Evaluierung nicht mehr als Kandidat auf ein Ordinariat infrage kam, also seine Stelle, die er bisher innegehabt hatte, so oder so verlieren würde? Und wer wäre dann für diese negative Evaluierung verantwortlich gewesen? Hatten die Eintragungen in seiner Stasiakte, von denen er berichtet hatte, den Ausschlag gegeben? Waren diese Eintragungen etwa auch noch nach der Wende gültig, ausschlaggebend? Oder hatten andere seine bisherigen Leistungen nicht ausreichend würdigen wollen? Was waren die Maßstäbe, an denen er und seine Leistungen gemessen worden waren? Oder traf das alles nicht zu, waren es allein seine zwanghaften Befürchtungen, er könne den Leistungserwartungen westdeutscher Vorstellungen nicht gerecht werden?

Kein Wunder, dass man an seiner Stelle verzweifelt, tief verzweifelt sein musste. Einige Wochen später verstarb der Ordinarius für Psychiatrie an den Folgen jener

Komplikationen, die eine langanhaltende Intensivtherapie bei einem tief komatösen Patienten in aussichtsloser Situation mit sich bringen kann. Von der Klinik für Psychiatrie hielt ich mich seitdem fern, psychiatrische Kollegen besuchte ich nicht mehr.

Die Verzweiflungstat des Psychiaters blieb nicht die einzige am Klinikum. Es sollten noch weitere Ärzte den Freitod als letzten Ausweg wählen.

Telefon

Auf meinem kleinen braunen Arbeitstisch stand ein rotes, mit Tastenfeld ausgestattetes Telefon. Mir war zu der Zeit noch nicht bekannt, dass das Telefon einen besonderen Luxus darstellte. Ich hatte vom Verwaltungsleiter auf Nachfrage eine teilweise handgeschriebene, mehrfach korrigierte Liste von Telefonnummern ausgehändigt bekommen, die mich mit Stations- und Schwesternzimmern oder Funktionsräumen verbinden sollten. Das gelang zu meiner Überraschung nach einigen Klickgeräuschen gelegentlich. Nicht selten kam es jedoch zu einer Verbindung – man möchte es Konferenzschaltung nennen –, in der ich gleichzeitig mit mehreren, mir fremden Partnern sprach. Manchmal musste ich nur den Hörer abheben und schon vernahm ich statt des vertrauten Leerzeichens eine Stimme und wurde unfreiwillig Zeuge eines Gesprächs. Mal zuhören oder schnell wieder auflegen? Versuche, Westberlin telefonisch zu erreichen, verliefen ergebnislos.

Die Suche nach einem Telefon im Haus, das mir möglicherweise solche Verbindungen erlaubt hätte, blieb ohne Erfolg. Eines sollte angeblich im Zimmer des Klinikdirektors, Professor v. T., stehen. Den Gang dorthin wollte ich mir ersparen. War doch zu erwarten, dass ich mehrere Zeugen des Gesprächs hätte in Kauf nehmen müssen. Wenn ich unbedingt und ungestört in den Westen telefonieren wolle, so müsse ich, hieß es, die Zentrale der Charité anrufen oder mich selbst dorthin bewegen und um die Herstellung einer Verbindung bitten. Auch nach Westberlin? Ja! Auch das wäre ein Ferngespräch. Könnte aber dauern.

In den ersten Tagen klingelte das Telefon nie. Niemand verlangte nach einem Gespräch mit mir oder nach einer Auskunft. Und wenn es zufällig doch mal klingelte, ich fast erregt den Hörer abnahm, Enttäuschung. Dann war jemand am anderen Ende, der mich nicht sprechen wollte. Der schnell wieder auflegte, sich manchmal auch entschuldigte.

Ich war mir nicht sicher, inwieweit die Spezialisten, die zu DDR-Zeiten die Abhöranlage bedienten, ihre Arbeit tatsächlich eingestellt hatten. Es war ein offenes Geheimnis, dass sie sich in einem der obersten Stockwerke, vielleicht dem 20., des Charité-Hochhauses eingerichtet hatten. Vor wenigen Monaten sollen oben noch Leute gesehen worden sein, die Anlage war demnach noch funktionstüchtig. Vielleicht war dort die Ursache zu suchen, warum Telefonieren auch innerhalb des Klinikums zum Zufallstreffer geworden war, zumindest von meinem Telefon aus. Vielleicht war die Anlage inzwischen verwaist, zum Teil zerstört, die Kabel durcheinander, zerschnitten und dies für das Chaos verantwortlich? Man konnte nicht wissen.

Wenn ich unbedingt mit einem Arzt oder mit den Schwestern oder Pflegern auf einer der Stationen sprechen wollte, dann machte ich mich schließlich lieber zu Fuß auf den Weg dorthin, als dass ich nach dem Telefonhörer griff. Entwicklung und Einsatz von privat zu nutzenden Mobiltelefonen lagen noch in weiter Ferne.

Etwa fünfzig Jahre zuvor hatte die Regierung der DDR alle Telefonleitungen speziell nach Westberlin gekappt, eine der Möglichkeiten, von denen man sich erhofft hatte, diesen Stadtteil aushungern und dann übernehmen zu können. Darunter hatte ich jetzt zu leiden. Wenn ich also unbedingt nach Westberlin telefonieren wolle, und diese Notwendigkeit oder dieser Wunsch sollte sich täglich mehrmals ergeben, so hieß es, könne ich auch zum Telefonhäuschen vor dem Hamburger Bahnhof gehen. Das läge auf Westberliner Gebiet. Den Rat könne man mir geben. Wäre zu Fuß zu erreichen.

Der etwa fünfhundert Meter lange, ausgesprochen ungemütliche Weg dorthin führte mich westlich um das Gebäude herum über das Freigehege der Kaninchen zwischen der roten Backsteinmauer der Nervenklinik, der grauen Fassade der Frauenklinik und der den Blick zum Schifffahrtskanal noch versperrenden Betonmauer, der »Berliner Mauer«. Ein Weg durch Niemandsland, bei einbrechender Dunkelheit unheimlich, von Bratpfannen spärlich beleuchtet. Noch vor zwei Jahren hätte er tödlich ausgehen können. Die Mauer mit ihrem Röhrenabschluss, das Überklettern erschwerend, hoch, kalt, leblos, keinerlei Graffiti. Noch. Aufatmen, wenn ich die Invalidenstraße erreicht hatte. Von dort konnte ich ungehindert auf die abgewirtschaftete Sandkrugbrücke gelangen, die über den Kanal führt. Die Brücke, seit Jahrzehnten nicht mehr gewartet und einer überzeugenden Tragfähigkeit verlustig gegangen, war ein paar Monate zuvor für den PKW-Verkehr gesperrt worden. Jetzt herrschte hier eine fast feierliche Ruhe. Zahlreiche Spuren des leidvollen Grenzübergangs waren noch zu erkennen. Wir hatten ihn vor dem Mauerfall zweimal zu Fuß genutzt, um mit den Kindern zum Naturkundemuseum zu kommen. Ich wollte nicht daran denken.

Unmittelbar hinter oder möglicherweise schon auf der Brücke erreichte ich Westberliner Gebiet, und auf der linken Seite der Straße stand unter Bäumen die erste Telefonzelle, gelb und vertraut und funktionstüchtig. Jedenfalls erlaubte sie nach Einwurf von zwanzig oder dreißig Pfennigen das Gespräch mit Westberlin, zeitlich unbegrenzt. Leider war dieses Telefon das in weitem Umkreis einzig öffentlich verfügbare. Versteht sich, dass ich nicht der Einzige war, der hier telefonieren wollte. Ich sah sie regelmäßig, schon wenn ich über die Brücke in die Invalidenstraße einbog, die Menschen, in längerer Schlange eingereiht, die mit der gleichen Absicht wie ich vor dem gelben Häuschen warteten. Manche hatten nicht einmal ihren je nach Arbeitsbereich weißen oder blauen oder grauen Kittel ausgezogen. Ich musste mich also brav wie alle anderen anstellen und mich gedulden, häufig endlose Minuten. Die ich besser in der Klinik hätte verbringen können.

Meist warteten wir stumm. Einige nutzten die Zeit und aßen eine Stulle. Manchmal ergab sich auch die Gelegenheit, sich auszutauschen, mit gebührender Vorsicht und Rücksichtnahme natürlich. Wo arbeitet dieser, wo jener. Manche waren vom Klinikum, andere vom Naturkundemuseum herübergeeilt. Erstaunlich, ich war meist der Einzige, der im Westen gelebt hatte. Warum wollten dann die anderen auch nach dem Westen telefonieren? War ich endlich an der Reihe, hatte ich oft mehrere Telefonate abzuarbeiten, zuvor sorgsam notiert und nach Notwendigkeit sortiert. Das sah man gar nicht gern. Gelegentlich wurde auch unwillig an die Scheibe geklopft: »Hallo, Schluss machen! Jetzt sind wir dran!«

Das Warten berechtigte ungesagt nur für ein einziges Telefonat. Ich erinnere mich an viele regennasse Tage, an denen das Warten recht ungemütlich werden konnte.

Nicht zu vergessen, dass ich wegen der Telefonblockade den ganzen Tag keinen Kontakt mit meiner Familie, mit Kollegen oder Freunden aufnehmen konnte und mich dementsprechend isoliert, von meiner vertrauten Welt abgeschnitten fühlte. Wer kann sich vorstellen, was das für ein Fest war, als mich eines Nachmittags überraschend meine Frau mit einem unserer Kinder besuchte, um mit mir zusammen eine Pizza, und die selbst gebacken, zu teilen? Mich für eine halbe Stunde aus der Isolation befreiend. Mit dem Zeichen: Wir denken an dich, wir vergessen dich nicht, wir lassen dich nicht im Stich.

Einem der vielen Pharmareferenten, das sind Personen, die bestimmte Medizinprodukte, in der Regel Medikamente, vorstellen und bewerben, die mir zunehmend ihren Besuch abstatteten und mich mit Freundlichkeiten überschütteten, erzählte ich von meinen Schwierigkeiten mit dem Telefon und dass es mir fast unmöglich sei, mit Westberlin oder Westdeutschland telefonisch Kontakt aufzunehmen.

»Dem kann abgeholfen werden«, versprach er. Wenige Tage später kam er mit einem größeren schwarzen Kasten, versehen mit Tragegriff und angebundenem Hörer, einer Art Knochen. Das Ganze sollte ein sogenanntes C-Telefon darstellen. Noch nie gesehen, noch nie gehört. Ich musste in den Kasten eine Identitätskarte, wie sich das nannte, einschieben, eine Antenne ausziehen, auf dem mit Tasten ausgestatteten Hörer bestimmte Vorwahlnummern und schließlich jene des Empfängers eintippen. Und wenn ich Glück hatte, dann konnte tatsächlich eine Verbindung entstehen. War nicht so einfach.

»Wenn es mit diesem Telefon nicht funktionieren sollte, dann kann ich Ihnen auch ein Satellitentelefon verschaffen. Meine Firma hat sich entsprechende Lizenzen besorgt. Mit solch einem Telefon können Sie sich dann mit dem Himalaya oder sonst wohin verbinden lassen«, ermutigte mich der Referent. Dann versuchte er mir noch zu erklären, wie ich mit dem C-Telefon über eine Auslandsverbindung schneller nach Westberlin kommen könnte. Diesen Weg hatte ich aber nicht richtig verstanden.

»Und was soll mich das kosten?«

»Ach, das überlassen Sie mal mir.«

Ich kann mich nicht erinnern, dass mir jemals eine entsprechende Rechnung vorgelegt worden sei.

Mein C-Telefon erlaubte tatsächlich eine Verbindung dorthin, wohin ich sie wünschte. Das mit kräftigem Rauschen unterfütterte Gespräch vermittelte jedes Mal den Eindruck, man telefoniere mindestens nach Übersee und das Gefühl der besonderen Wichtigkeit. Etwa wie Piloten in der Flugzeugkanzel. »Over.« Allerdings mit zwei schnell sich offenbarenden Hindernissen. Innerhalb meines Zimmers gelangen die Verbindungen nicht, so häufig ich es auch versuchte.

»Die Mauern hier sind zu dick, da dringt nichts durch. Damit habe ich selbst schon meine Erfahrungen machen müssen«, klärte mich mein pharmazeutischer Sponsor auf.

Ich musste also den klemmenden Fensterflügel meiner Zelle öffnen und den schwarzen Kasten nach draußen halten oder auf das äußere Gesims des Fensters stellen. So bekam ich Empfang. Aber auch nicht immer. Denn dann zeigte sich ein zweites Problem: Die Verbindungen ließen sich in der Regel erst am späten Nachmittag herstellen, so etwa ab 17.00 Uhr, erst dann waren sie aber auch nur gelegentlich möglich. In der Zeit davor sei das Netz – nur für eine bestimmte Anzahl von Verbindungen ausgelegt – wegen des anhaltenden Ansturms von Wünschen nach Verbindung überlastet, wusste mein Pharmareferent mich aufzuklären, der offensichtlich auch damit schon seine Erfahrungen gesammelt hatte.

Wenn ich also das große Fenster in meinem kleinen Zimmer geöffnet und den schwarzen Kasten auf die Fensterbank gestellt oder nach draußen gehalten oder auf dem äußeren Gesims positioniert hatte, blieb vielen in der Klinik nicht verborgen, dass ich wieder dabei war, nach Westberlin oder sonstwohin Kontakt aufzunehmen. Ob man das so gern sah? Ich vermute mal, nein. Ob man argwöhnte, ich könnte konspirativ wichtige Nachrichten nach Westen übermitteln? Ich vermute mal, ja. Möglich auch, dass ich es war, der inzwischen wahnhafte Ideen entwickelt hatte. Ein halbes Jahr später waren auf Veranlassung der Berliner Verwaltung, wie ich hörte, speziell auch für die Charité neue Möglichkeiten der Telefonverbindungen geschaffen worden. Ich konnte auf die freundliche Leihgabe des C-Telefons verzichten.

Die Besuche von Pharmareferenten rissen aber nicht ab. Oft waren es mehrere am Tag. Wenn ich Zeit hatte, war mir das auch nicht unrecht. So hörte ich in meiner Zelle und später in meinem renovierten Erkerzimmer regelmäßig, was sich drüben, also in Westberlin, abspielte und was man alles in den

Neuen Bundesländern erleben konnte, wie es in den Krankhäusern etwa in Cottbus oder Frankfurt an der Oder aussah.

»Nämlich erbärmlich, sage ich Ihnen, kein Vergleich mit Ihrer Charité.«

Ich war mir nicht sicher, ob diese Einschätzung nur mir zuliebe erfolgte.

Manche Referenten brachten in einer Thermosflasche ihren eigenen Tee oder Kaffee mit und packten ihn, nachdem sie mich gefragt hatten, auch aus. Und wenn mir ebenfalls eine Tasse angeboten wurde, durfte ich nicht ablehnen.

Die Besuche verfolgten natürlich nur den einen Zweck, an der wichtigsten Schaltstelle für medizinische Entscheidungen in den Neuen Bundesländern, der Charité, so schnell wie möglich Fuß zu fassen. Dann, so erhoffte man sich, sei es ein Leichtes, die jeweiligen Medikamente auf den gewinnträchtigen allgemeinen Markt der Neuen Bundesländer bringen zu können, nach dem Motto: »Das haben die in der Charité schon längst eingeführt.«

Die Gespräche begannen jedes Mal mit der Frage: »Können wir Ihnen irgendwie helfen?« Das konnten sie natürlich, wenngleich die Annahme solcher ›Hilfen‹ eine Vorteilsnahme darstellte und entsprechend juristisch hätte verfolgt werden können. Das Bewusstsein dafür war bei vielen Kollegen und so auch bei mir zu dieser Zeit noch nicht ausreichend ausgebildet, was vielleicht in der Situation, in der ich mich befand, auch gut war.

Ich verspürte also keinerlei Bedenken, soviel wie möglich herauszuschlagen, wobei dies nicht an irgendwelche Bedingungen gekoppelt sein durfte, wie etwa: Wir erfüllen Ihre Wünsche, dann empfehlen Sie doch bitte auch unser Präparat oder bitten darum, dass es in Ihrer Hausapotheke eingeführt wird.

»Meine ärztlichen Mitarbeiter bedürften eigentlich eines aktuellen neurologischen Lehrbuchs.«

»Besorgen wir Ihnen. An wie viele hatten Sie denn gedacht?«

»Ach, vielleicht mal zehn Stück?«

»Besorgen wir Ihnen oder Sie kaufen und wir erstatten Ihnen die Kosten.«

»Lieber wäre mir, ich nenne Ihnen den Titel und Sie kaufen das für uns. So haben Sie das drüben doch auch häufiger gemacht.«

»Kein Problem!«

Ich weiter mutig: »Ach, übrigens, die Tische und Stühle in den Arztzimmern sind in einem bejammernswerten Zustand.«

»Kein Problem. Besorgen wir Ihnen oder helfen Ihnen dabei.«

All diese kleinen oder größeren Aufmerksamkeiten zeigten nach juristischer Sichtweise den Tatbestand kurz vor der Bestechung. Geben und Nehmen aus dem Gleichgewicht geraten. In meiner Position hätte ich solche ›Geschenke‹ niemals annehmen dürfen. Wenn dies aber so einfach zu machen war, und es ging mir im Wesentlichen allein um den für mich gerecht und notwendig erscheinenden Ausgleich zwischen West und Ost, warum sollte ich nicht die Gunst der Stunde ausgiebig nutzen? Kläger waren jedenfalls nicht in Sicht.

Neuropathologie

Mein nächster Besuch galt dem Direktor der Abteilung für Neuropathologie, dessen Arbeitsbereich in unmittelbarer Nähe zur Nervenklinik lag. Für diesen Besuch wollte ich mir mehr Zeit nehmen. Rechts vor dem Eingang des Gebäudes begrüßte mich, Ehrfurcht gebietend, die Bronzebüste des Rudolf Virchow, jenes genialen, international renommierten Wissenschaftlers, der in den Räumen dieses Hauses gearbeitet hatte und dem die Charité einen wesentlichen Teil ihres Ruhmes verdankt.

Dem Direktor, den ich besuchen wollte, war einige Jahre zuvor der Rudolf-Virchow-Preis für seine Leistungen auf dem Gebiet der medizinischen Literatur, im Speziellen für seine Arbeiten über die Tumoren des Gehirns verliehen worden. Es musste sich also zumindest nach DDR-Maßstäben, die ich keinesfalls infrage stellen wollte, um einen renommierten Wissenschaftler handeln. Noch wenige Jahre zuvor hatte er einen wichtigen Posten beim Ministerium für Gesundheit der DDR innegehabt. Warum er von dort an die Charité gewechselt und ob dieser Wechsel neben seinen Aufgaben als Hochschullehrer mit einem besonderen Auftrag verbunden war, blieb unklar, zumindest für mich. Im Nachhinein bin ich auch hier froh, dass ich mich in der Zeit unserer Zusammenarbeit mit solchen Informationen nicht belasten musste.

Die Räume, in denen die jeweiligen Direktoren residieren durften, hatte ich inzwischen kennengelernt. Was sich mir hier bot, übertraf alles bisher Dagewesene. Das Ausmaß des Raumes, in dem ich vom Direktor der Neuropathologie empfangen wurde, konnte ich kaum überblicken, was nur teilweise an der mangelnden Beleuchtung lag. Mag sein, dass in diesem Fall die Dunkelheit beabsichtigt war, da Pathologen einen großen Teil ihrer Zeit über dem Mikroskop gebeugt verbringen und zu viel Helligkeit im Raum für das Mikroskopieren vielleicht ungünstig ist. Auf dem Schreibtisch ein Mikroskop, mehrere Bücher, teilweise aufgeschlagen. In Vitrinen und auf Regalen Kästen mit Unmengen von histologischen Präparaten und vollgestellt mit Diapositiven. Zweifelsohne, der Raum atmete Wissenschaft.

Der Empfang gestaltete sich ungewöhnlich freundlich. Auch hier durfte ich auf einem Sofa Platz nehmen, dem dritten in der Reihe meiner Besuche. Eine gewisse Sitzhöhe war mir bei diesem Exemplar vergönnt. Auf dem Couchtisch vorbereitet ein Teeservice.

»Trinken Sie Tee?«

»Oh ja, gerne!«

Der eingeschenkte Tee parfümiert. Auf einer mit bunten Blumen bemalten Porzellanschale Marmorkuchen, zwei oder drei Stückchen aufgeschnitten.

»Wären Sie damit einverstanden?«

»Oh, vielen Dank, gerne.«

So viel Gastfreundschaft überraschte mich. War ich doch anderes gewohnt. Ich war mir nicht sicher, wie ich das einordnen sollte, ob es mich nach den bisherigen Erfahrungen vorsichtig bis misstrauisch stimmen oder ob ich mich einfach nur freuen und dankbar annehmen sollte. Dem Gastgeber war offensichtlich bekannt, dass einer meiner wissenschaftlichen Schwerpunkte den seinen ähnlich war. Voraussetzungen für eine engere Zusammenarbeit schienen also gegeben und wahrscheinlich gewünscht. Möglicherweise hing die ungewöhnlich freundliche Geste mit dem Kuchen, der sich als ziemlich süß erwies, auch mit der Biographie des Gastgebers zusammen. Von der erfuhr ich aber erst, als eines Tages die Stelle des Neuropathologen unbesetzt war. Es soll seine vorübergehende Arbeit im Ministerium für Gesundheit der SED gewesen sein, die ihn sein Amt gekostet hatte. Von den Herren aus dem Westen, vielleicht auch von einem Gremium der Charité, war sie als Belastung und mit den Aufgaben eines Hochschullehrers nicht vereinbar interpretiert worden. Eine solche Begründung konnte ich nicht nachvollziehen. Fand ich ungerecht, völlig überzogen.

Die gegenwärtige Situation des Klinikums in Zeiten des Umbruchs wurde nicht Thema des Gesprächs. Über meine Herkunft musste er sich informiert haben. Er ließ durchblicken, dass er Bescheid wusste. So fragte er kaum danach, auch nicht nach meinen Motiven, warum ich die Stelle in der Klinik für Neurologie übernommen hätte. Das war neu für mich. Schließlich wurde kein Wort darüber verloren, wie es mir denn in der Nervenklinik gefalle, welche Erfahrungen ich bisher gesammelt hätte. Anzunehmen, dass er auch darüber schon längst Bescheid wusste. Dafür konnten wir, was unsere Fächer anbelangt, gemeinsame Interessen feststellen und empfanden eine gewisse Sympathie.

Wie die meisten Neuropathologen war er, wenn ich von seinem Speichel beladenen Sprechen mal absehe, äußerst redegewandt, wusste die Dinge detailgetreu und aus großem Wortschatz schöpfend zu benennen.

Am Ende der Unterhaltung fragte er, ob mir noch etwas Zeit bliebe. Dann könne er mir die Räume der Pathologie zeigen. Ich lehnte nicht ab. Wir besichtigten die zahlreichen Sektionsräume und den Hörsaal, der auf mich den Eindruck machte, erst jüngst renoviert worden zu sein. Ungewöhnlich. Er wirkte hell und freundlich.

Schließlich führte mich der Professor noch in den Bereich, in dem, wie er betonte, das Wertvollste der Pathologie aufbewahrt wurde. Es handelte sich um die aus dem Ende des 19. bis zum Anfang des 20. Jahrhunderts stammende anatomische Sammlung, die auf Rudolf Virchow zurückgeht. Ich kannte aus Vorlesungen der Anatomie die gelegentliche, eher selten und nur ausnahmsweise erfolgte Vorstellung von derart konservierten Körperteilen, von Missbildungen und von Foeten. Was sich mir aber hier in einem längeren Gang auf Regalen und in Vitrinen ausgestellt bot, übertraf alles jemals Gesehene. In Reih und Glied, in Gläsern schwimmend, die verschiedensten, meist erschreckend wirkenden Missbildungen von Ungeborenen oder von Körperteilen. Dazu eine kaum zu überblickende Sammlung von deformierten Knochen, von inneren Organen, von Schädeln und Gehirnen, vollständig oder in Schnitten.

»Das ist der Stolz unserer Pathologie, die wertvolle Hinterlassenschaft unseres Herrn Virchow«, klärte mich der Professor auf. »Ich muss dazu sagen, ein wesentlicher Teil der Virchow'schen Sammlung ist leider im Krieg und später durch einen Brand in diesem Gebäude verloren gegangen. Wir konnten aber im Laufe der Jahre an manchen Stellen wieder ergänzen.«

Zum Abschied wurde ich herzlich eingeladen, doch an der von ihm geleiteten, alle vierzehn Tage nachmittags stattfindenden neuropathologischen Demonstration teilzunehmen. Natürlich, gerne, ich wollte kommen.

An eine der ersten Demonstrationen erinnere ich mich genau, sehr genau. Die nur leicht aufsteigenden Sitzreihen im Hörsaal des Institutes für Pathologie waren schon gut mit Ärzten verschiedener Disziplinen gefüllt, als ich dazukam. Es roch, wie für eine Pathologie zu erwarten, etwas scharf. Der Neuropathologe hatte für mich wie schon für andere leitende Ärzte einen Platz in der ersten Reihe reserviert. Ich lehnte höflich ab, weil ich mich, unter meine Mitarbeiter eingereiht, besser aufgehoben fühlte. Auch wollte ich ihnen vermitteln, dass ich einer der ihren sei und keine Sonderrolle spielen würde.

Die Vorstellungen in der Neuropathologie waren zu jenen Zeiten jedes Mal spannungsgeladen, weil mit dem dort gezeigten Befund in der Regel das letzte diagnostische Wort gesprochen werden konnte. Und wenn dieses Wort nicht mit den klinisch getroffenen Entscheidungen korrelierte, bekam man ein Problem.

Bei dieser Sitzung lernte ich erstmals den ärztlichen Direktor der Klinik für Neurochirurgie kennen, einen schlanken, aufrecht gehenden und sitzenden Mann. Stolz erhobener Kopf, glatt rasiertes Gesicht, scharf geschnittene Nase, kurze Haare. Er war unmittelbar vor der Wende auf den Chefposten gehoben worden und galt wie manche Chirurgen an der Charité als begnadet. Auch wagte er sich, wie man sich erzählte, an die schwierigsten Eingriffe an Gehirn und Rückenmark. An Aufgaben, die von Chirurgen anderer Kliniken schon wegen des großen Risikos für den Patienten abgelehnt worden waren. Die erzielten Ergebnisse wurden von ihm regelmäßig als gelungen bezeichnet, auch wenn der Patient nach der Operation im Rollstuhl oder im Pflegeheim landen sollte. Oder auch Schlimmeres resultierte.

Was mich beunruhigte, waren meine Befürchtungen, dieser Chirurg könne Eingriffe am Menschen gelegentlich mit Versuchen am Tier verwechseln. Ein Beispiel, von dem ich gehört hatte: dass das entnommene Bauchfell eines Patienten, über dessen Gehirn gespannt, die Durchblutung des Gehirns verbessern sollte, wie von ihm durchgeführt – woher diese Erkenntnis stammen konnte, blieb mir ein Rätsel, war mir mehr als unheimlich.

Noch aber vertraute ich dem überragenden Ruf des Mannes als Neurochirurg, wie man es von einer derart renommierten Klinik wie der Charité auch durchaus erwarten, ja fordern musste. Es konnte ja auch durchaus sein, dass gerade wir Westberliner, unserer jahrzehntelangen Insellage geschuldet, aus dem medizinischen Mustopf kamen und hier an der Charité sich die eigentliche innovative Neurochirurgie abspielte. Möglicherweise musste der Chirurg sogar in die

Reihe der ganz Großen seines Faches eingeordnet werden. Und möglicherweise war er nicht umsonst von manchen jungen Eltern umjubelt, deren Kindern er über eine mutige Operation angeblich das Leben gerettet oder zumindest ein mehr oder weniger lebenswertes Leben oder ein verlängertes Überleben gestiftet hatte. Schließlich hatte er sich auch an Operationen speziell bei Kindern herangewagt, die andere Kliniken wegen der Aussichtslosigkeit und der Gefahr des Todes oder doch der zu erwartenden massiven körperlichen und geistigen Defizite abgelehnt hatten.

Nach der Vorstellung verschiedener, weniger interessanter Fälle – man spricht von Fällen – hatte sich der Neuropathologe für das Ende der Demonstration, ich vermutete aus taktischen Gründen und möglicherweise nicht ohne Hintergedanken, einen Fall aus der Neurochirurgie aufgehoben. Ein Assistent der Klinik für Neurochirurgie berichtete, wie das üblich ist, kurz die Vorgeschichte des entsprechenden Patienten und die Gründe, die den operativen Eingriff erforderlich gemacht hätten. Der 28 Jahre alte Patient leide unter einer schwer behandelbaren Epilepsie. Die Ursache der Epilepsie könne auf eine Fehlbildung im linken Schläfenlappen des Patienten zurückgeführt werden. Und man erwarte nach der chirurgischen Entfernung dieser Fehlbildung Anfallsfreiheit oder doch zumindest eine deutliche Reduktion der Zahl epileptischer Anfälle. Ich fragte vorsichtig nach rechts und links in unsere kleine Runde, ob der Patient in unserer Klinik bekannt, ob mir vielleicht etwas entgangen sei. Denn die entsprechenden Voruntersuchungen für einen solchen chirurgischen Eingriff am Gehirn fallen in das Aufgabengebiet des Neurologen und nicht in das des Neurochirurgen. Aber der Patient war unserer Klinik nicht bekannt, niemand wusste etwas von ihm. Woher kamen die Ergebnisse, die auf den notwendigen und erfahrungsgemäß eingehend geführten Untersuchungen beruhten? Wo waren die meist über Monate oder auch Jahre sich hinziehende Diagnostik und Beobachtung des jungen Patienten erfolgt, die zu der weitreichenden Entscheidung eines epilepsiechirurgischen Eingriffes geführt hatten? Keiner konnte es mir sagen.

Jetzt übernahm der Neuropathologe das Wort. Er zeigte, wie mir schien nicht ohne einen Anflug von Genugtuung, Bilder von Schnitten des während der Operation entnommenen Hirngewebes. Überall war nach seiner Einschätzung, an der nicht zu zweifeln war, gänzlich normales Nervengewebe zu erkennen. Er habe den gesamten Gewebeblock, der ihm aus dem neurochirurgischen Operationssaal zugeschickt worden sei, durchgearbeitet. Krankhaft veränderte Zellen, die für die epileptischen Anfälle des Patienten verantwortlich sein könnten, habe er nicht gefunden.

Wie das?

Nun wurden die entsprechenden Aufnahmen des Gehirns, wie sie die Computer- und Kernspintomogramme lieferten, projiziert. Die Fehlbildung des Gehirns, die für die schwer behandelbare Epilepsie des armen Patienten mit großer Wahrscheinlichkeit verantwortlich war, lag auf der linken Seite seines Gehirns. Das sah man. Der operative Eingriff war jedoch, wie man ebenfalls unschwer an den Bohrlöchern und Sägespuren am Schädelknochen erkennen konnte, auf der rechten Seite erfolgt. Hatte der Neurochirurg etwa versehentlich den Schädel an der falschen Stelle geöffnet und an der falschen Stelle gesundes Hirngewebe entfernt?

Im Hörsaal blieb es überraschend ruhig. Kein Widerspruch. Keine Nachfrage. Nichts. Nirgends ein Zeichen des Entsetzens. Ich war wie gelähmt.

Kurz schoss mir die Geschichte jenes Patienten durch den Kopf, dem man vor etlichen Jahrzehnten einen epileptogenen Herd auf angeblich beiden Seiten des Gehirns operativ entfernt hatte. Nach diesen Eingriffen hatte er seine Anfälle fast vollständig, dafür aber auch sein Gedächtnis fast ganz verloren. Und war damit mehr oder weniger pflegebedürftig geworden.

Zu meiner ersten Erleichterung richtete der Neuropathologe an die Neurochirurgen die Frage, was denn die Beweggründe gewesen seien, den Schädel auf dieser der Fehlbildung gegenüberliegenden Seite zu öffnen und dort Gewebe zu entfernen. Die Antwort des Direktors der Neurochirurgie war knapp und, wie unschwer zu spüren, leicht gereizt, keinen Widerspruch duldend.

»Aber hören Sie. Das ist doch bekannt, das macht man so. Auch in Kanada und in den USA.«

War damit die Diskussion schon beendet? Nachdem die genannten Länder als Referenz hergehalten hatten? Schien es üblich zu sein, dass man sich der Auffassung des Direktors der Neurochirurgie, so unglaublich sie auch sein mochte, nicht zu widersetzen hatte?

Im Saal herrschte weiterhin eiserne Ruhe. Die offene Zurechtweisung des Neuropathologen stand im Raum. Ich spürte, was der tatsächlich dachte. Er hielt sich jedoch überraschend oder, wie man es auch nehmen möchte, vornehm zurück. Was er gefunden und demonstriert hatte, dazu vermied er jeden weiterführenden Kommentar. Ich hielt solches Verhalten für feige. Oder war es wohlweislich Taktik?

Um nicht als Querulant zu erscheinen, als der aus dem Westen Kommende, alles besser Wissende, wollte ich nicht nachhaken. Es waren schon ausreichend Lästereien um mich im Umlauf. Ich wäre in dieser Situation auch zu ungehalten gewesen, hätte mich in meiner Empörung nicht bremsen können. Mein zu dieser Zeit gerade noch tätiger erster Oberarzt hatte zu meinem Bedauern durch bestätigendes Nicken das Vorgehen des Neurochirurgen unterstützt. Über ihn war also keine weitere Nachfrage zu erwarten. So bat ich den eine Reihe vor mir sitzenden Mitarbeiter, der bei uns aus dem Westen kommend kurz zuvor eine Stelle angetreten hatte und der epileptologisch bewandert war, er solle doch die Frage noch einmal stellen. Warum war im gesunden und nicht im kranken Bereich operiert worden?

Und jetzt kam die Antwort: »Ach Herr Kollege, wissen Sie nicht, dass bei einem epileptogenen Herd zunächst durchaus auf der Gegenseite operiert wird? Der sogenannte Spiegelfokus operativ entfernt wird?«

Der Spiegelfokus? Er wollte uns also weismachen, dass operativ gezielt zuerst ein Spiegelfokus entfernt werden könne? Nun existiert der Begriff des Spiegelfokus in der Epileptologie tatsächlich. Man versteht darunter die Erfahrung, dass sich in einem dem eigentlich epileptogenen Herd gegenüberliegenden Bereich des Gehirns, epilepsietypische Gehirnstrombilder, auch eine epileptogene Zone entwickeln können. Selbstverständlich wird zunächst, und auch nur falls alles dafür spricht und jede infrage kommende medikamentöse Therapie sich als nicht ausreichend wirksam erwiesen hat, der eigentliche, meist auf eine Fehlbildung oder Vernarbung zurückzuführende epileptogene Herd operativ entfernt.

Die Antwort des Neurochirurgen war also dreist, entweder aus Unwissenheit oder doch mehr oder weniger aus Unverschämtheit. Flucht nach vorn? Vielleicht oder doch eher wahrscheinlich war der neurochirurgische Eingriff versehentlich auf der falschen Seite durchgeführt worden. Nach einigem Hin und Her mit dem vorsichtigen Hinweis, das sei für uns in Westberlin ein ganz ungewöhnliches Vorgehen, erstickte die Diskussion. Von seiner Überzeugung, das völlig Richtige getan zu haben, trat der Neurochirurg nicht zurück, und es war nicht ersichtlich, ob es eine Schutzbehauptung oder tatsächlich seine medizinische Überzeugung war.

Meine Hände waren gebunden, da ich, gerade erst angekommen, nicht die Befugnis hatte, etwa die Kompetenz eines derart anerkannten Neurochirurgen der Charité infrage zu stellen. Außerdem war der Neurochirurg, wie ich gehört hatte, im Klinikum gut vernetzt, was soviel wie Vorsicht für mich zu bedeuten hatte. Schließlich gab es ein enges Vertrauensverhältnis zwischen ihm und Professor v. T., dem Direktor der Nervenklinik. Tatsächlich fürchtete ich mich vor der Kraft der Seilschaften. Ich war auch feige.

So traurig und für mich erschütternd dieses Erlebnis war, der Begriff des Spiegelfokus geisterte seitdem als Menetekel durch die Gänge der Klinik. Man war Zeuge geworden, wie dem von sich derart überzeugten, über jede Kritik erhabenen Neurochirurgen erstmals widersprochen worden war.

Zwei Jahre später reifte im Klinikum der Entschluss, es sei doch besser, wenn man sich von diesem begnadeten Chirurgen trenne. Den Chefposten übernahm ein Fremder. Natürlich aus dem Westen. Der andere verließ daraufhin die Charité. Auch wenn sich eine von wem auch immer aktivierte Gruppe von Eltern, deren Kinder einst von ihm operiert worden waren, heftig gegen seine versteckte Entlassung gewehrt hatte. Wiederum ein Fall von Willkür und vom Westen aus gesteuert.

Zwischen dem Neuropathologen und mir entwickelte sich nicht zuletzt nach dieser Erfahrung eine freundschaftliche Achtung, der Auftakt zu einer engeren Zusammenarbeit. Über den Spiegelfokus haben wir kein Wort mehr verloren.

Krisen

Westberlin hatte in den zurückliegenden Jahren alles versucht, hatte eine Menge Geld ausgegeben, größtenteils Subventionen aus dem Westen, um sich von dem Revolutions- und Schmuddelimage der zurückliegenden Jahre sowie dem Inselstatus der Stadt zu befreien. Dabei hatte man besonders die Universitätskliniken im Visier. Die Attraktivität der Stadt sollte erhöht werden, indem man ihre beiden Universitätskliniken aufmöbelte und ihnen High-Tech-Medizin implantierte. An vielen Stellen war das ohnehin dringend geboten.

Man spekulierte auch auf den sich entwickelnden Patiententourismus, wollte, ähnlich wie von anderen Kliniken in Westdeutschland angeblich schon mit Erfolg praktiziert, mit einem bestens ausgestatteten Klinikum vermögende Patienten etwa aus den Ölstaaten oder aus anderen als reich geltenden Ländern anziehen. Der Ausbau des zum Klinikum Charlottenburg gehörenden Standortes im Wedding, des Rudolf-Virchow-Klinikums, war weit fortgeschritten, in manchen Bereichen so gut wie abgeschlossen.

Und dann fiel die Mauer. Das Jahrhundertereignis.

Und nichts war mehr wie zuvor. Jetzt bekam man wirklich ein Problem. Jetzt hatte man es in Berlin gleich mit drei universitären Kliniken zu tun. Dem Virchow-Krankenhaus, das zudem mit zwei recht weit auseinanderliegenden Standorten in Charlottenburg und im Wedding zu verkraften war, dem Benjamin-Franklin-Klinikum in Steglitz und nun noch mit der in ihrer schieren Größe kaum zu überblickenden Charité, einem Klumpenrisiko. Hinzu kam, dass die sogenannten vorklinischen Fächer in Westberlin gebündelt im Stadtteil Dahlem und damit in ungünstigen Entfernungen zu den Kliniken lagen. Der Charité hingegen waren seit über hundert Jahren in unmittelbarer Nähe solche vorklinischen

Fächer angegliedert. Ein nicht zu unterschätzender Vorteil, was die Möglichkeiten für Ausbildung und Wissenschaft anbelangt. Jetzt aber war zu befürchten, dass gerade die Charité mit ihrer großzügigen Bettenausstattung für das Land besonders kostenintensiv werden, es über kurz oder lang finanziell überfordern würde. Drei fast unabhängig arbeitende Universitätskliniken, das war für ein Land wie Berlin zu viel.

Noch wenige Monate vor meinem Arbeitsbeginn hatte der jüngst gewählte Dekan der Charité, Professor Mau, in scheinbar vorausschauender Weise allen Mitarbeitern Mut gemacht und so zuversichtlich wie möglicherweise noch ahnungslos mitgeteilt, die Charité würde auf keinen Fall abgewickelt werden. Nein, sie würde in das neue, das bedeutete in das westdeutsche, Hochschulsystem als ›unverzichtbarer Teil der Universität und des Gesundheitswesens‹ überführt werden. Wie kam er überhaupt auf solch ein Ansinnen? Ahnte er doch irgendetwas?

Unterdessen war man im Westen nicht untätig gewesen. Geschickt wurde von Westberlinern, von Mitgliedern des Berliner Senats oder von der Westpresse – wer daran beteiligt war, ließ sich nicht eindeutig festmachen – das Gerücht gestreut, es wäre doch besser oder zeuge geradezu von Vernunft, man würde der Charité, die man zum Teil und zu Recht, aber dann auch wieder völlig übertrieben, als marode beschrieb, den universitären Status abnehmen und sie zu einem akademischen Lehrkrankenhaus umwandeln, kurz gesagt degradieren. Und damit sehr viel Geld einsparen.

Im Grunde ein schamloser Gedanke im Hinblick auf die im Vergleich zur Charité völlig unbedeutende Geschichte der Universitätskrankenhäuser in Westberlin. Jetzt wurden verschiedene Rechnungen aufgestellt. Zum einen sorgte man sich um den Bestand der für die Westberliner liebgewonnenen, gerade umfangreich ausgebauten Kliniken

Charlottenburg und speziell Virchow mit dem aufwendigen Herzzentrum. Und das Universitätsklinikum Steglitz zu opfern, das einen geschützten Status genoss, da sich der US-amerikanische Staat als Reverenz an Berlin großzügig an den Baukosten beteiligt hatte? Das ging schon gar nicht. Dafür zeichnete sich immer deutlicher ab, dass die Charité nicht zuletzt wegen ihres hohen Personalbestands in ein Millionendefizit abrutschen würde und der Renovierungsstau kaum zu überblicken war.

Möglicherweise suchte und fand man, wie das in solchen Fällen üblich schien, das Krebs erzeugende Asbest in der Bausubstanz des erst zehn Jahre zuvor hochgezogenen, unübersehbaren Klinikturms, dem neben dem Europacenter und dem Steglitzer Kreisel im Westen höchsten Gebäude Berlins, dem Stolz der Charité und der ganzen Republik. Hatte Asbest doch schon ein Jahr zuvor zur Schließung des Palasts der Republik geführt und sollte ihm später erfolgreich den Todesstoß versetzen. Das Gespenst Asbest hätte dann den sicheren Abriss des Charité-Hochhauses und wohl auch das Ende der Charité als Universitätskrankenhaus bedeuten können. Ein entsprechendes Gerücht war, wie zu erwarten, schon in Umlauf gesetzt.

Was der Charité zusätzlich ungeahnte Schwierigkeiten bereitete und entsprechenden Unmut beim Berliner Senat hervorrief, war der Filz, den die Staatssicherheit der DDR über sie, speziell aber über die Humboldt-Universität, gestülpt hatte und der immer noch schwer zu durchschauen und entsprechend schwer zu entwirren war.

Schließlich erreichten die Gerüchte einer Abwicklung erwartungsgemäß und als gezielte Zermürbungstaktik inszeniert die Charité. Der schon unzählige Ärztinnen, Ärzte und etliches Pflegepersonal den Rücken gekehrt hatten. Man kann sich keine Vorstellung machen, welche Beklemmung und welche Wut das Gerede über den Ballast Charité bei den dort tätigen Mitarbeitern auslöste. Eine fürs Erste ohnmächtige, lähmende Wut. Nicht zuletzt, weil bisher niemand die Erfahrung, den Umgang mit einem als unsicher geltenden Arbeitsplatz gemacht hatte. An der Charité zu arbeiten hieß bisher soviel wie Sicherheit bis zum Ruhestand. Und wenn nicht mehr an der Charité so doch auf gutem Posten in einem anderen renommierten Krankenhaus der DDR.

Es schien für die dort Arbeitenden so, als ob ein neuer Höhepunkt der Gewaltherrschaft aus dem Westen erreicht war. Und dies doch nur, um die Arbeitsplätze der Professoren in Westberlin zu sichern und möglicherweise arbeitslose Westärzte in der Charité einsetzen zu können.

Ich war mittendrin. Kein Zweifel, dass ich, von drüben geschickt, schon längst von den Plänen des Berliner Senats wusste, dieses verhassten Senats, der noch im Schöneberger Rathaus, also in Westberlin, residierte. Wahrscheinlich war ich es auch unter anderen bisher noch Unerkannten, der regelmäßig Berichte über den maroden Zustand des Klinikums und im Speziellen der Nervenklinik nach drüben schickte. So ergaben jetzt auch meine jeden Spätnachmittag zu beobachtenden Telefonate mit diesem auffälligen schwarzen Kasten am geöffneten Fenster meines kleinen Zimmers einen Sinn.

Während an der Charité vorübergehend die Mobilisierung von Mitarbeitern für politische Zwecke einen Zustand erreicht hatte, den man als Erschöpfung bezeichnen konnte, wurde »von drüben«, die Situation geschickt nutzend, neue medienwirksame Munition herangeschafft. Zweifelsohne um die Charité wund und schließlich sturmreif zu schießen. Waren an der Charité nicht diese grausamen Dopingversuche sogar an Minderjährigen und ohne jede Einwilligung durchgeführt worden? Waren da nicht todkranke Menschen aus dem gesamten DDR-Gebiet herangekarrt worden, um für tot erklärt zu werden? Nur um an ihre Organe für prestigeträchtige Transplantationen zu kommen? Waren dort nicht lebensgefährliche Medikamentenversuche an Patienten ohne irgendwelche Aufsicht durchgeführt worden? Der Gipfel bösartiger Stimmungsmache war erreicht, als in der Presse Schlagzeilen auftauchten wie: »Stasiärzte schnitten Lebenden das Herz aus dem Leib« oder »Teufel in weißen Kitteln«. Es ließ sich schwer erkennen, ob diese Nachrichten vom Berliner Senat gezielt gesteuert oder ob sie aus reiner Sensationslust von der Presse erfunden und entsprechend verbreitet wurden. Was das Gerücht um die Transplantationen anbelangt, so zeichnete sich später ab, dass ehemalige Stasiangehörige in bewährter Übung die Urheber waren. Sie hatten aus ihren ganz offensichtlich noch zugänglichen umfangreichen Unterlagen altes Material in falschem Zusammenhang der westdeutschen Presse zugespielt. Als gezieltes Untergangsszenario in die Welt gesetzt, nach der Devise, wenn ich schon untergehe, dann doch bitte die gesamte Charité mit mir. Eine Sonderform des erweiterten Suizids. So machte man das schon immer. Leider von der Presse aus lauter Lust am Untergang und mit Blick auf die zu erzielenden Auflagen begierig aufgenommen. So ist das im Kapitalismus dort drüben.

Die meisten Gerüchte ließen sich im Laufe der folgenden Monate im Sinne der Charité, das heißt als Nonsens aufklären, lösten sich in Luft auf. Dopingversuche wurden an der Charité nicht durchgeführt. Dass Menschen zu früh für tot erklärt wurden, um an ihre Organe zu kommen – diese Tendenzen gab es möglicherweise kurzfristig. Dagegen hatte man sich aber gerade an der Charité mit Erfolg gewehrt. Bei den Versuchen mit neuen Medikamenten wurden, wie sich später zeigen sollte, alle aktuellen Richtlinien eingehalten, niemals wurde unlauter gearbeitet.

Von allen Argumenten gegen die Charité stimmte schließlich nur eines: Die Kündigung aller Mitarbeiter, die in für andere Personen schädigender Weise mit der Staatssicherheit zusammengearbeitet hatten, war im Jahre 1990 noch zu lasch durchgeführt worden oder ganz ausgeblieben. Dabei sollte man nicht übersehen, dass sich der inzwischen amtierende Dekan, Professor Mau, alle Mühe gab, das Klinikum von Belastung so schnell wie möglich zu befreien.

Inzwischen war aber viel Porzellan zerschlagen worden. Und wie üblich, etwas bleibt immer hängen. Man konnte sich vorstellen, wie man sich im Westen die Hände rieb, während man im Osten die Fäuste ballte.

Die allgemeine Verunsicherung war groß. Eine Stimmung der Verzweiflung, der Hilflosigkeit, des völligen Ausgeliefertseins breitete sich unter den Mitarbeitern aus.

Erst langsam erkannte man das ganze Ausmaß der Gefahr, und es kam endlich eine Bewegung des Widerstandes in Gang. Jetzt versammelten sich zunehmend Mitarbeiter der Charité geschlossen auf Plätzen und in Hörsälen, um gegen die drohende Abwicklung der Charité zu demonstrieren. Nur an welches Rathaus sollte man sich wenden? Befanden sich diese elenden Abgeordneten noch im Schöneberger Rathaus auf Westberliner Seite oder waren sie, wie entschieden worden war, schon ins Rote Rathaus auf Ostberliner Gebiet umgezogen? Wie war die Einstellung des Wissenschaftssenators einzuschätzen? Wo sollte man mit seinem Demonstrationszug hinziehen? Keiner wusste so recht Bescheid.

Auch ich wollte solidarisch mit den Mitarbeitern sein. War es auch mit voller Überzeugung. Mischte mich, wann und wo es möglich war, unter die Demonstranten und nahm unter anderem an einer der Aussprachen im großen Speisesaal des Klinikums teil. Das heißt, ich war nicht unter den Demonstranten, sondern stand in der Regel isoliert da, so erschien es mir zumindest. Stand nicht unter, sondern etwas verloren zwischen ihnen, gehörte nicht dazu. Einer der Demonstranten, er war mir unbekannt, musste mich aber erkannt haben.

»Sagen Sie, sind Sie nicht auch einer von drüben, denen wir das alles, diese Unverschämtheit, diese Schweinerei, diese Scheiße zu verdanken haben?«, sprach er mich unverblümt an.

Kurz stockte mir der Atem. Dann stotterte ich und suchte krampfhaft nach Argumenten, die mich verteidigen könnten: »Ja, stimmt, ich bin von drüben, aber ich arbeite hier. Und ich stehe ganz auf der Seite unserer Charité. Auch würde ich doch nicht meinen Arbeitsplatz wegrationalisieren wollen.«

»Ach, machen Sie mir doch nichts vor!«, entgegnete er. Dann war das Gespräch schon beendet, auch weil die flammenden Reden begonnen hatten.

Schließlich musste sich der Senat von Berlin im Oktober 1991 dem zunehmend erstarkenden, dann auch aus dem Ausland kommenden Druck gegen die Schließungspläne beugen. Es hieß, die Charité sei gerettet. Ich war überzeugt, das war im Wesentlichen ein Verdienst des amtierenden Dekans. Nicht alle sahen das so.

Die Gefahr der Einverleibung der Charité in den Westen oder ihrer Abwicklung zum Lehrkrankenhaus war gerade erfolgreich abgewehrt, da wurde die nächste Sau über den Campus gejagt, und wie auch ich wieder überzeugt war, erneut und gezielt vom Westen aus losgelassen.

Eines Morgens, Anfang November, empfingen mich die Mitarbeiter in der Frühbesprechung mit auffallender Zurückhaltung. Hatte ich wieder etwas falsch gemacht? Nicht ganz. Es ging das Gerücht, das sich schnell bewahrheiten sollte, Professor Fink, der Rektor der Humboldt-Universität – die Charité ist ein Teil dieser Universität, und das heißt, der Rektor ist unser aller wichtigster Repräsentant, die letzte Entscheidungsinstanz –, der Rektor sei fristlos entlassen, sei angeblich als IM enttarnt worden. Der Rektor als Informeller Mitarbeiter der Staatssicherheit der DDR? Völlig unmöglich.

Ein nicht zu überbietendes, ein bösartiges Hirngespinst und wieder aus dem Westen gezielt verbreitet.

Alle Mitarbeiter der Charité verband, soweit ich das überblicken konnte, die Überzeugung, dass dies keinesfalls zutreffen könne, ja eine nicht hinzunehmende Ungerechtigkeit sei und im Zusammenhang mit der Übermacht des Westens, mit einer ›Siegerjustiz‹, wie man es inzwischen nannte, gesehen werden müsse. Dass ich diese Meinung bedingungslos teilte, wurde zwar registriert, aber so recht nicht akzeptiert. Im Gegenteil, ich war weiterhin Teil, Repräsentant dieses neuen Unrechtsystems und trug damit eindeutig die Mitschuld an dem Rauswurf.

Wie skeptisch man sein musste, inwieweit jemand belastet oder unbelastet war, wurde spätestens jetzt allen vor Augen geführt. Der Rektor der Humboldt-Universität von jetzt auf gleich aus seinem Amt gejagt. Dieser Mann, der zuvor schon das Amt des Dekans der Theologischen Fakultät bekleidet hatte, der von einem erstmals demokratisch zusammengesetzten Gremium zum Rektor der Humboldt-Universität und damit zum Oberhaupt auch der Charité gewählt worden war. Hatte er sich nicht bei der Reinigung der Universität von sozialistischem Unrat einen Ruf erworben? Und genoss er nicht, das war besonders sichtbar und überzeugend, die volle Sympathie des überwiegenden Teils der Studenten?

Dann folgte der Fall, die bittere Enttäuschung bei vielen, als seine bis dahin unbekannte und erfolgreich verheimlichte Mitarbeit beim Ministerium für Staatssicherheit unter dem Decknamen »Heiner« ans Licht kam. Wie konnte es sein, dass ein angeblich so ehrenwerter und bis dahin als unbescholten geltender Mann, Theologe dazu, für das Ministerium jahrelang Dossiers über Studenten, die er für wenig staatstragend oder was auch immer hielt, weitergegeben, die er also – wie sonst könnte man es nennen? – bespitzelt haben sollte? Unmöglich! Und noch erstaunlicher, wie konnte es sein, dass er davon nichts gewusst haben sollte, geradezu überrascht war?

Es erschien so unglaublich, dass man den Enthüllungen in keiner Weise Glauben schenken konnte und sich entsprechend auf breiter Ebene für den Rektor und gegen seine Entlassung einsetzte. Darin war sich die Mehrheit der Studenten an der Humboldt-Universität und auch der Mitarbeiter an der Charité einig. Hier musste es sich erneut um eine der üblen Attacken westdeutscher Missgunst handeln. Diese neu gegründete Behörde zur Aufarbeitung der Stasiunterlagen wurde doch von einem bis dahin unbekannten Pfarrer geleitet. Wurde der nicht aus dem Westen gesteuert? Wahrscheinlich alte Fehden zwischen zwei Theologen aus der DDR, die auf diese Weise ausgetragen wurden. Alles schien möglich.

Die Demaskierung des Rektors der Humboldt-Universität führte dazu, dass die ohnehin schon bestehende allgemeine Verunsicherung bei vielen Mitarbeitern, auch an der Charité, ein kaum zu beherrschendes Ausmaß annahm. Wer hatte wen bespitzelt? Offensichtlich konnte es jeder gewesen sein.

Keiner war mehr so recht sicher vor dem anderen oder davor, dass etwa auch sein Name in irgendeiner Akte der Staatssicherheit in Verdacht erregender Weise auftauchen und damit den Verlust des Arbeitsplatzes und den noch unbekannten Gang in die Arbeitslosigkeit bedeuten könnte. Offensichtlich konnte es jeden treffen. Wenn dies doch schon dem Rektor der Universität passiert war, dem man noch im Frühjahr die Unbescholtenheit attestiert hatte.

Hatte der Rektor nicht zu jenen Auserwählten gehört, die an einem der »runden Tische« mitwirken durften, jener kurz vor und unmittelbar nach der Wende entstandenen Einrichtungen aufrichtiger, vom Willen nach Erneuerung durchdrungener Demokraten? Runde Tische, die auch erfolgreich die Auflösung des Ministeriums für Staatssicherheit gefordert hatten? Hatte er dort nicht einflussreiche Freunde?

Stimmte das etwa, dass er ein mittelmäßiger Theologe ohne nennenswerte neue Ideen gewesen sein soll und früher auch durch einzelne Examensprüfungen gefallen war? Sollte nicht zu denken geben, dass er von manchen Kirchenleuten schon immer als der »Rote Heinrich« bezeichnet wurde? War er allein aufgrund seiner vordergründig einnehmenden Art nach oben gefallen? War es ein Zufall, dass es in Berlin ein weiteres Ausbildungszentrum für evangelische Theologen gab, das freier und unabhängiger als das an der Humboldt-Universität arbeiten wollte? War Fink tatsächlich im Oktober 1989 eher versehentlich in jenen Zug von Menschen geraten, die just gegen das DDR-Regime demonstrierten? Hatte er bei der Gelegenheit von den Sicherheitskräften einen Knüppel über den Kopf bekommen, weshalb er seitdem als Märtyrer der Widerstandsbewegung gefeiert wurde?

Keine Frage, ohne irgendein Hintergrundwissen, aber dennoch von der Unschuld Finks überzeugt, schloss ich mich meinen Mitarbeitern an und beteiligte mich, meine Solidarität bezeugend, an Versammlungen der Charité-Angestellten, die im Hörsaal oder im Freien stattfanden. Es war das Gebot der Stunde, gegen diese bodenlose Ungerechtigkeit zu demonstrieren. Einen rechten Kontakt zu den zahlreich protestierenden Gruppen fand ich auch hier nicht. Ich stand meist allein und etwas verloren da, fühlte mich auch so. Steckte doch auch ich nach der Auffassung der Mehrheit der Demonstranten mit hoher Wahrscheinlichkeit, und sei es auch nur peripher, hinter dieser Entlassung.

Die Gemüter beruhigten sich nicht. Fast jeden Tag kursierten neue Gerüchte über die Causa Fink. Ja, er sei wohl tatsächlich unter dem Namen »Heiner« registriert gewesen. Er habe schon von Amts wegen mit der Staatssicherheit Kontakt halten müssen, aber nicht als Informeller Mitarbeiter. Er sei selbst bespitzelt worden, seine Amtszimmer seien höchstwahrscheinlich verwanzt gewesen. Man habe möglicherweise seine Gespräche abgehört und dann unter einer Rubrik gespeichert, die die Stasi »Heiner« benannt habe. Eine ganz infame Angelegenheit. Fink selbst könne sich an nichts erinnern, was für eine konspirative Tätigkeit hätte sprechen können. Es war eindeutig, hier wollte man mit totalitären Methoden, die man überwunden glaubte, das Opfer zum Täter machen.

Als die Belege für seine Stasitätigkeit dünn blieben, auf der anderen Seite die Solidaritätswelle ein immer überzeugenderes Ausmaß erreicht hatte, sammelte man von Westberliner Seite, so die Überzeugung im Osten, neuen Stoff, um seine Entlassung voranzutreiben. So zweifelte man die Qualität seiner Dissertation an. Warf man ihm vor, er hätte an der Universität nicht ausreichend für einen Neubeginn gesorgt, hätte belastete Kollegen geschützt, statt ihnen die Kündigung nahezulegen.

Jedenfalls waren das aus Sicht Ostberlins ausreichend Argumente dafür, dass hier der Staat, der von manchen als Unrechtsstaat bezeichnet worden war, von einem neuen Unrechtsstaat, jetzt aus dem Westen kommend, beherrscht werde. Sollte man nicht ins Stutzen kommen, wenn die Studentenschaft weiterhin fast geschlossen hinter ihrem geschätzten Rektor stand? Und so skandierte: »Den Heiner nimmt uns keiner«? Auch ich stand lange auf der Seite des gefeuerten Rektors. Dann verlor ich den Skandal, oder wie man es nennen mag, aus den Augen, weil andere Ereignisse für mich und die Klinik wichtiger wurden. Die endgültige Entlassung von Rektor Fink sollte sich unter Zuhilfenahme von Rechtsanwälten noch bis ins Folgejahr hinauszögern. Die Humboldt-Universität musste zwei Jahre Erneuerung nachholen, die Fink während seiner Amtszeit verschleppt hatte.

Erst etliche Jahre später war es schließlich Dank aufwendiger Klebearbeit gelungen, die vielen Papierschnipsel zusammenzusetzen, zu denen die Stasi all ihre Akten, auch die eines »Heiner«, geschnitten, in Säcke gepackt, aber in der Eile nicht zur endgültigen Vernichtung hatte bringen können. Jetzt offenbarte sich das ganze Ausmaß der konspirativen Tätigkeit dieses Heiners, die man durchaus Bespitzelung nennen konnte. Und es bestanden schließlich keine Zweifel mehr, dass Heiner jener Rektor der Berliner Humboldt-Universität Heinrich Fink war und kein anderer. Er, der jahrelang die strikte Trennung zwischen Staat und Kirche predigte, hatte hinter dem Rücken aller, also heimlich, mit diesem Staat enger als geboten und von ihm vorgegeben zusammengearbeitet. Predigt Wasser und trinkt Wein.

Heiner Fink gehörte eben zu jenem gelegentlich zu beobachtenden Schlag von Menschen, die ihre Schuld nicht eingestehen können, vielleicht auch unfähig sind, sie als solche wahrzunehmen.

Zweite Vorlesung

Es war um die Mittagszeit, als ein junger Mann bei mir erschien. Die Sekretärin hatte seinen Besuch angekündigt. Er sei zu mir geschickt worden, weil man ihm gesagt habe, ich könne ihm möglicherweise helfen. Er sei in großer Not. Ich sah den braunen Geigenkasten in seiner rechten Hand. Ich sah den braunen Geigerfleck an seinem linken Unterkiefer.

Er sei Musikstudent, Hauptfach Violine. Jetzt stünde er vor der Diplomprüfung. Aber in den letzten Wochen hätten sich beim Spiel völlig ungewöhnliche und für ihn wirklich beängstigende Störungen entwickelt. Er sei regelrecht verzweifelt. Es fiele ihm schwer, das Problem zu beschreiben. Es sei wie verhext. Der eine oder andere Finger der linken Hand würde plötzlich etwa auf der D-Saite, auf der er gerade den gewünschten Ton noch passabel gestrichen hätte, wie angeklebt bleiben, würde sich einfach nicht mehr heben wollen. Ein Wechsel zur benachbarten Saite würde dann, wenn überhaupt, nur nach einiger und zudem kaum berechenbarer Verzögerung gelingen. Was die Melodie, die gespielt werden solle, schwer beeinträchtige, die Interpretation empfindlich störe, eigentlich zusammenbrechen ließe oder wie man das nennen könne. Mehrere Male würde das Spiel auch ohne sein Zutun wie von allein abbrechen. Dann käme nichts mehr.

»Was kann das sein? Was mache ich falsch? Was kann ich dagegen tun?«, fragte er. »Es eilt, ich stehe unter Druck, glauben Sie mir, unter erheblichem Druck. Meinen Sie, ich bin bei Ihnen richtig?«

Seine Geschichte:

Hannes B. war das einzige Kind einer musikalischen Familie. Die Mutter hatte Gesang studiert, der Vater spielte regelmäßig Klavier. Es war selbstverständlich, dass er, als er das vierte Lebensjahr erreicht und man nach seinen Wünschen gefragt hatte, eine kleine Violine, sechzehntel Größe, in die Hand gedrückt bekam. Bald stellte sich heraus, dass der Junge damit umgehen konnte. Ja, er wollte auch Violine spielen. Und bekam Unterricht auf diesem anspruchsvollen Instrument. Bogenhaltung, Geige unter dem Kinn, leere Saiten streichen, Saitenwechsel. Alles wie üblich. Schon als er fünf Jahre alt war, spielte er auffallend sicher. Er traf die Intonation, beherrschte den Rhythmus und verstand es, so der Eindruck aller, besonders seiner Eltern, musikalisch und mit erkennbarer Sensibilität für das Instrument vorzutragen. Eine Begabung war entdeckt.

Dann trug sich noch Folgendes zu. Der Mutter war ein Weinglas aus der Hand gefallen. Es fiel zu Boden und ging mit einem leichten Klirren zu Bruch.

»Kaputt mit einem klaren ›Es‹«, rief Hannes.

»Wie bitte?«, hatten die Eltern gefragt.

»Ja, es hat doch, als es auf den Boden fiel, einen Ton abgegeben, das war ein ›Es‹.«

Das wollte man genauer wissen. Der Vater ging zum Klavier, schlug wahllos einen Ton an. »Ein G«, rief Hannes. Es stimmte. Dann ein anderer Ton. Auch den wusste der Junge richtig zu benennen. Seine Sicherheit umfasste mehrere Oktaven. Nun wussten die Eltern, dass die Natur ihren kleinen Sohn mit einem absoluten Gehör ausgestattet hatte. Und waren vielleicht auch etwas stolz darauf.

Wie so etwas zustande kommt, dafür gibt es verschiedene Erklärungsversuche. In jedem Fall fördert die frühe Hinführung zur Musik und zu einem Instrument, speziell auch zu einem solchen wie der Geige, auf dem man den Ton selbst finden muss, die Ausbildung eines absoluten Gehörs. Wahrscheinlich spielen auch genetische Faktoren eine Rolle. Ein absolutes Gehör sagt zwar noch wenig über die Musikalität des Betreffenden aus. Aber es ist doch ein großer Gewinn gerade für alle Musiker, die ihr Instrument, so auch die Geige, regelmäßig und vor jedem Spiel stimmen müssen.

Es kann auch zum Fluch werden. Denn unsaubere Töne, also Töne, die subjektiv schief, auch nur leicht schief klingen, speziell von Saiteninstrumenten oder von Sängerinnen oder Sängern hervorgerufen, können für das absolute Gehör anstrengend bis hin zur Qual werden. Selbst das Klavier, das, um alle Töne unterzubringen, wie man freundlich sagt, wohltemperiert ist, kann für den Menschen mit absolutem Gehör in manchen Bereichen gewöhnungsbedürftig sein. Wer ein absolutes Gehör hat, hört eben ein »Es« anders als ein »Dis«. Auf dem Klavier angeschlagen, ist es jedoch ein und dieselbe schwarze Taste.

Nachdem sich durch diesen Zufall herausgestellt hatte, dass Hannes über ein absolutes Gehör verfügte, wurde der Unterricht an der Geige intensiviert. Ein neuer Geigenlehrer musste her. Fortschritte ließen nicht auf sich warten. Hannes spielte zunehmend virtuos. Und bei verschiedenen Wettbewerben, denen er sich stellen musste und meist auch wollte, zeigte sich, dass er durchaus mithalten konnte, verschiedene Male zu den Besten gehörte. So entschloss er sich, älter geworden, kräftig unterstützt von den Eltern, das Geigenspiel als Profession zu erlernen.

Nach bestandener Prüfung wurde er als Student an der Berliner Musikhochschule »Hanns Eisler« aufgenommen, was schon als solches als eine besondere Auszeichnung galt, auf Begabung hinwies. Und sein Vortrag machte die erhofften Fortschritte. Er erspielte sich ein Stipendium. Als durch abendliche Arbeit in einer Kneipe, durch kleine Konzerte, Muggen, wie man sie nennt, und ein Geschenk von Eltern und Verwandten eine ausreichende Summe zusammengekommen war, konnte er nach Markneukirchen fahren und sich nach Beratung und intensiver Suche die Geige aus einer Meisterwerkstatt leisten.

Hannes war bis dahin nie ernsthaft krank gewesen. Auch in seiner Familie waren Krankheiten mehr oder weniger Unbekannte. Jetzt stand die letzte Abschlussprüfung bevor. Er stand unter Druck. Er durfte seine Eltern nicht enttäuschen, er durfte seinen Lehrer nicht enttäuschen. Und auch sich selbst durfte er nicht enttäuschen. Er musste die Prüfung bestehen. Zu beachten war allerdings, dass schon kurz nach dem Mauerfall unzählige Studenten aus dem Westen die Gelegenheit nutzten und sich um einen Studienplatz an der Hanns Eisler-Hochschule bewarben. Der Konkurrenzdruck hatte enorm zugenommen. Das spürten alle, auch Hannes. Das schien auch sein Lehrer zu spüren, denn der korrigierte jetzt häufiger. Zumindest musste Hannes im Laufe des Unterrichts, wie ihm schien, manche Passagen weit häufiger als zuvor wiederholen. Dort stimmte das Tempo, dort die Intonation, dort die Interpretation nicht.

»Das könnte ich mir auch eingebildet haben«, meinte Hannes.

Eine Wiederholung der Prüfung wäre bei Nichtbestehen zwar möglich gewesen, hätte ihn aber ein halbes oder gar ganzes Jahr zurückgeworfen und schließlich auch etwas gekostet. Es durfte einfach nichts schiefgehen. Warum auch? Sein Lehrer war im Großen und Ganzen mit seinen Leistungen zufrieden und, wie es schien, zuversichtlich, was die bevorstehende Prüfung anbelangt.

Bei den Vorbereitungen hatte Hannes den zunächst nur gelegentlich und nur flüchtig aufkommenden Eindruck gewonnen, als ob die Finger seiner linken, beim Geigenspiel besonders geforderten Hand aus der Reihe tanzen würden. So empfand er das zunächst. Sie gehorchten ihm gelegentlich nicht so recht. Dann stellte er fest, dass es sich überwiegend um den Mittel- und den Ringfinger handelte. Das sind jene Finger, die in der Geigensprache unabhängig von ihrer Anatomie, wo sie bekanntlich den dritten und vierten Finger darstellen, als Finger Nummer zwei und drei bezeichnet werden.

Dazu muss man wissen, dass der Daumen der linken Hand des Geigers im Vergleich zu den anderen Fingern mehr oder weniger zur Untätigkeit verdammt ist. Er muss sich sogar damit abfinden, im Fingersatz keine Nummerierung erhalten zu haben. Das kann man aus neurophysiologischer Sicht und im Hinblick auf seine vom Gehirn ausgehende ausgesprochen gute Ansteuerung nur bedauern. Ganz untätig ist der Daumen beim Spiel natürlich nicht. Je nach Lage wechselt er am Geigenhals seine Position vom Sattel bis zum Korpus, rutscht dann etwa ab der vierten Lage auf den Korpus, rutscht dort bei noch höheren Lagen auch mal auf die Decke des Instruments. Das heißt, auch er wird die zu spielende Komposition gut kennen, muss genau wissen, wohin er zu klettern hat. Zudem unterstützt der Daumen die Haltung der Geige dann, wenn das Kinn und damit die Halswirbelsäule vorübergehend entlastet werden sollen. Was die Bespielung der Saiten anbelangt, wird er jedoch nicht mitgerechnet, vernachlässigt. Er existiert mehr oder weniger nicht, und so beginnt man bei den Fingersätzen der Geige mit der Zählung des Zeigefingers als dem Finger Nummer eins, und so fort.

Die Geigenfinger zwei und drei, besonders aber der Finger drei, also der Ringfinger, machten bei Hannes plötzlich nicht mehr das, was sie hätten tun sollen. Sie wurden im Laufe des Spiels wie schwerfällig, bekamen so etwas wie ein Eigenleben. Sie gehorchten einfach nicht mehr, entglitten den Befehlen von oben, schienen ihre eigene und bizarre Willkür entwickelt zu haben. Nicht immer. Unberechenbar. Die Störung, die zunächst selten, dann aber zunehmend häufiger auftrat, wirkte beängstigend. Wenn so etwas bei der Abschlussprüfung eintreten sollte, kaum vorstellbar, ein Albtraum.

Hannes führte, häufig die erste Reaktion eines Musikers, die ›Halsstarrigkeit‹ seiner Finger auf zu geringes Üben zurück. Wer zu wenig übt, kann schnell die erforderliche Fingerfertigkeit verlieren. Das wissen die Geiger ebenso wie die Pianisten und auch andere Musiker. Sechs Stunden Üben sind keine Seltenheit, häufig der Normalzustand.

Also holte Hannes die Etüden von Kreutzer hervor, übte sie mehr und mehr und immer schneller und in der Überzeugung, dass die Störung gewiss auf ein mangelndes Training zurückzuführen sei. Aber das Gegenteil trat ein. Je mehr er übte, desto häufiger kam es zu dieser Hemmung. Jetzt konnte nicht nur der Ringfinger, der Finger drei, sondern auch der Finger vier, der kleine Finger und mehrmals sogar der Mittelfinger, der Finger zwei, betroffen sein. Aus der Reihe tanzen, wie es Hannes bezeichnete. Mehrmals kam es vor, dass zunächst gut und flüssig gespielt werden konnte, Hannes schon wieder Mut schöpfte, dass der Spuk endlich vorüber sei. Und dann setzte die Hemmung doch wieder ein, der eine oder andere Finger versagte plötzlich seinen Dienst, wurde träge, verkrümmte sich oder blieb gar auf der Saite kleben. Kleben!

Eine unvorstellbare, eine grausame Situation. Fast zwanzig Jahre Geige geübt und über weite Strecken auch gerne und gut gespielt und jetzt diese Behinderung. Ja, war es denn eine Behinderung? Oder war von den Fingern einfach zu viel verlangt worden? War es die Angst vor der Prüfung? War es der gerade nach der Öffnung der Grenzen enorm zunehmende Leistungsdruck? Müsste vielleicht eine Pause eingelegt werden? Fragen, die ihm bisher niemand beantworten konnte. So fand Hannes B. zu mir und suchte meine Beratung.

Er schilderte mir, soweit er konnte, sein Problem und hatte zu diesem Zweck auch die Geige mitgebracht.

Die Chaconne, letzter Satz aus der Partita No. 2 von Johann Sebastian Bach, war als eines der Prüfungsstücke ausgewählt worden. Alle Geiger und auch jene, die keine Geige spielen, aber sich auskennen, wissen, dass diese Chaconne zur maximalen Herausforderung an das spielerische Können wird. Hinzu kommen die vielen Interpreten, die sich bisher an dem Stück mit geringerem und mit größerem Erfolg abgemüht haben. Dann die klassischen Interpretationen etwa eines Itzhak Perlman oder Isaac Stern, große Vorbilder für dieses Musikstück.

»Ich habe meine Geige mitgebracht. Darf ich es Ihnen zeigen, das heißt, ich spiele Ihnen am besten vor?«, fragte er.

»Natürlich, dann kann ich mir vielleicht ein genaueres Bild machen.«

Hannes packte seine Geige aus, bestrich behutsam den Bogen mit Kolophonium, prüfte und korrigierte die Stimmung. Dann begann er mit einer Passage am Ende der Partita. Zunächst waren Arpeggien zu spielen. Ein Bereich, der sich anspruchsvoll anhört, aber vor allem Bogentechnik, also Einsatz der rechten Hand verlangt. Das ging alles gut und hörte sich für meine weniger geübten Ohren virtuos, musikalisch und fehlerlos in Rhythmus und Intonation an. Ich dachte schon, was stört ihn nur. Dann gelangte er, wir schauten später nach, zu dem Takt zweihundertvierundvierzig. Urplötzlich verlangsamte sich das Spiel. Dann ertönte nach einem kurzen Flageolett-ähnlichen Summen ein Quietschton. Schließlich war Schluss, das Spiel brach abrupt ab. Finger zwei wollte sich nicht mehr ausreichend heben, verharrte in leicht gekrümmter, steifer Haltung. Finger drei versagte vollkommen seinen Dienst, hatte sich ähnlich gekrümmt. Der kleine Finger zeigte sich untätig, leicht gestreckt. Gleich alle drei Finger hatten sich verkrampft.

Hannes nahm die Geige von der Schulter, schaute mich hilfesuchend an.

»Was kann das sein? Jedes Mal, und gerade, wenn ich an diese Stelle komme, ist es aus?«, fragte er mich verzweifelt.

»Dann geht gar nichts mehr. Habe ich nie zuvor gehabt. Ich habe auch sonst keinerlei körperliche Probleme. Gut, das bevorstehende Examen, das spannt mich schon an, aber im Grunde nur wegen dieser Störung. Ich habe schon manche Prüfungen überstanden und dann auch bestanden, ohne dass sich jemals so etwas eingestellt hätte. Was soll ich nur machen? Was soll ich meinen Eltern sagen? Die wissen noch nichts davon. Ich bin mir sicher, die erwarten, dass ich das Studium demnächst und natürlich mit Erfolg abschließe. Warum auch nicht? Sie sind stolz auf mich. Können Sie das verstehen?«

Wir besprachen die möglichen Ursachen seiner Verkrampfung. Sicher hatte diese letzte Prüfung, das wichtige Diplom, einen Einfluss darauf, darin waren wir uns einig. Das konnte aber nicht das alleinig Verursachende sein.

Ich beruhigte ihn zunächst einmal, was ja die allererste therapeutische Aufgabe ist. Er habe keine ungewöhnliche Störung, er sei damit nicht allein, das finde man gelegentlich, ja eigentlich gar nicht so selten, etwa bei Pianisten, Bläsern und schließlich besonders häufig auch bei Geigern. Und bei den Geigern wie nun bei ihm, tauche das Problem speziell an den Fingern der linken Hand auf, jenen Fingern, die die Saiten zielgenau und zum Teil rasend schnell zu bedienen haben. Manche nennen sowas auch virtuos.

Bei den Geigern sind die Finger der linken Hand schwer beschäftigt. Diese Sprünge innerhalb einer und von einer Saite zur anderen. Absolut treffsicher müssen sie sein. Dann das fast durchweg geübte Vibrato, je nachdem mit dem Arm, mit der Hand oder dem Finger erzeugt. Die entstehenden, leicht unterschiedlichen Frequenzen sollen dem Ton Leben einhauchen, Färbung, Wärme geben. Die dafür notwendigen Bewegungen gleichen neurologisch gesehen einem hochfrequenten Tremor. Den gilt es erstmal durchzuhalten.

Der Zeigefinger, der als Finger eins bezeichnet wird, hat im Gehirn eine ähnlich gute neuronale Ausstattung, eine breite Repräsentanz, wie die des Daumens, er ist bei der

Verkrampfung von Geigern seltener betroffen. Es sind vor allem die Finger zwei, drei und vier. Für den Geigenfinger vier, den kleinen Finger, kann man Verständnis aufbringen, er klemmt manchmal auch bei Menschen, denen keine derartige motorische Leistung abverlangt wird. Er ist von Natur aus weniger kräftig und weniger geschickt. Die Finger zwei, der Mittelfinger, und drei, der Ringfinger, hängen im Grundgelenk der Hand mit ihren Sehnen eng zusammen. Das reduziert ihre getrennte Beweglichkeit. Besonders der Ringfinger bekommt das zu spüren, indem er beim Ungeübten oft die Bewegung des Mittelfingers mitmachen, imitieren muss.

Die motorische Repräsentation der Finger im Stirnlappen unseres Gehirns und dort in der vorderen Zentralwindung hat sich ihren unterschiedlichen Aufgaben angepasst. Sie ist für den Daumen und den Zeigefinger besonders breit, im Verhältnis dazu für den kleinen Finger relativ klein. Bei professionellem Geigenspiel, wenn man früh, das heißt noch zur Zeit der Hirnreife, mit dem Üben beginnt, vergrößert sich im Laufe ihrer Entwicklung entsprechend der extremen Fertigkeit, die abverlangt wird, durch neuronale Vernetzung das Feld der Hirnrinde, in dem die Finger und auch der kleine Finger aktiviert werden. Das geschieht nicht ohne Risiko, kann zu einem labilen Gleichgewicht führen. Die höchst anspruchsvolle motorische Ansteuerung kann die Vernetzung plötzlich überfordern. Es kommt zu einer Art Kurzschluss, die gewünschte Bewegung bricht unvermittelt zusammen, friert ein, erstarrt.

Die Folge ist eine motorische Störung der Musiker, eine Krankheit, die man in der Neurologie zu der Gruppe der Dystonien rechnet. Eine heterogene Gruppe, deren Ursache weniger in einer Fehlfunktion des Großhirns, als einer eher zentral, tiefer gelegenen Struktur des Gehirns gesucht werden muss. Man spricht dann auch von extrapyramidalen Bewegungsstörungen, weil sie eben nicht direkt mit dem primären motorischen System, der Pyramidenbahn, zusammenhängen.

Unter Dystonien können also Menschen leiden, die ihr motorisches System in besonderer Weise in Anspruch nehmen. In einer Weise beanspruchen, die von Natur aus nicht vorgesehen ist. Weitere pathogene Faktoren kommen hinzu, nicht zuletzt eine allgemeine, man kann es Ermüdung nennen, oder eine besondere psychische Anspannung. Auch spielt die Erwartungshaltung eine Rolle, das heißt, wie bei unserem Musiker, er spielt mühelos bis zu jener kritischen Stelle, die ihm Sorgen bereitet, und prompt stellt sich dort die Störung ein.

Was ist im Fall unseres Studenten diagnostisch erforderlich und was kann man ihm therapeutisch raten? Die Diagnose ist in den meisten Fällen eindeutig. Weitere diagnostische Maßnahmen, wie etwa eine Bildgebung des Gehirns oder eine elektrophysiologische Untersuchung von Nerven und Muskeln sind vielleicht unter wissenschaftlichen Aspekten interessant, klinisch aber kaum zielführend, also nur in wenigen Fällen notwendig.

Therapeutisch kommt, und das trifft den Musiker besonders hart, keinesfalls intensiviertes Üben infrage. Im Gegenteil, eine Spielpause muss eingelegt werden oder zumindest ein deutlich reduziertes Pensum mit dem Üben von möglichst einfachen Passagen. Und das für mindestens ein bis zwei Monate, wenn nicht deutlich länger. Die Last der bevorstehenden Prüfung muss Hannes genommen, das heißt der Prüfungstermin muss verschoben werden. Gelegentlich kann die lokale Injektion mit einem muskellähmenden Toxin die Verkrampfung bessern.

Dass eine solche Bewegungsstörung in nicht wenigen Fällen das Ende der Karriere bedeutet, musste Hannes zu dem Zeitpunkt nicht vermittelt werden. Er solle das Üben stark reduzieren, gezielt eine Physiotherapie beginnen und solche

Übungen durchführen, die jeweils der Entspannung dienen, etwa in Form von Jacobson oder von Yoga.

»Melden Sie sich doch in einem Monat wieder.«

Zum Abschied wagte ich die Frage: »Sagen Sie, könnten Sie sich vorstellen, in unsere Vorlesung zu kommen, um von Ihren Schwierigkeiten zu sprechen? Möglichst auch mit Ihrer Geige zeigen, so wie Sie das eben getan haben?«

»Wenn mir und Ihnen das hilft, dann komme ich gern.«

Und er kam und versuchte zunächst, den Studentinnen und Studenten sein Problem mit Worten zu erklären. Dann griff er zur Geige. Es wurde still im Hörsaal. Eine Atmosphäre, vergleichbar jener, kurz bevor der Dirigent den Taktstock hebt. Kein Räuspern, kein Husten. Und Hannes begann und spielte erneut jene kritische Passage aus der Chaconne, flüssig und ohne irgendwelche erkennbaren Schwierigkeiten. Die Akustik des alten Hörsaals erwies sich als hervorragend, konnte dem Vergleich mit der eines guten Konzertsaals standhalten. Ich war angespannt.

Und dann aber. Tatsächlich. Unglaublich. Wieder und an der gleichen Stelle der Zusammenbruch. Unvermittelt gerieten die Töne schief. Die kurz zuvor noch so gelungenen Triolenketten brachen ab. Quietschen. Brummen. Schluss.

Hannes ließ die Geige sinken. Schweigen, Betroffenheit im Hörsaal. Die Verkrampfung der Finger seiner linken Hand hielt noch mehrere Sekunden an. Alle konnten es sehen, alle wurden Zeuge. Höchste Aufmerksamkeit bei Studentinnen und Studenten. Selbst gestellter Lehrauftrag erfüllt.

Wir besprachen die Sorgen, die vor allem Musiker betreffen und ihre meist jahrelange Verbindung zu ihrem Instrument unversehens infrage stellen. Wir besprachen, dass Musikinstrumente ganz allgemein an die muskulären Fertigkeiten hohe Anforderungen stellen, sei es der Finger bei den Streichern oder den Pianisten oder des Mundes bei den Bläsern oder der Stimmbänder bei den Sängern. Anforderungen, die für das Gehirn hart an Überforderung grenzen. Besprochen wurde, wann sich solche und ähnliche Störungen, zum Beispiel auch beim Schreiben, bemerkbar machen, wie sie erklärt werden und welche therapeutischen Konsequenzen sich daraus ergeben können.

Ein halbes Jahr später erschien Hannes B. noch einmal bei mir. Er bedankte sich. Meine Ratschläge seien hilfreich gewesen. Er hätte zunächst sein Übepensum stark reduziert, habe sich auch in eine Physio- und eine Entspannungstherapie begeben. Seine Behinderung hätte erfreulich nachgelassen. Sie trete nur noch ganz selten und dann nur leicht auf. Die Abschlussprüfung habe er verschieben können. Ob er die Karriere eines Berufsmusikers wirklich einschlagen wolle, das sei noch nicht entschieden.

Das Labor

In den Besitz eines schriftlichen Vertrages kam ich erst gegen Ende meiner Arbeitszeit. Welche Aufgaben meine Arbeit beinhalten sollte, musste ich mir schon selbst beantworten. In jedem Fall konnte ich davon ausgehen, dass alle meine Aktivitäten von Unbekannt verfolgt und im Falle meiner tatsächlichen Bewerbung um das Amt des Ordinarius der Neurologie entsprechend bewertet würden.

Ins Zentrum meiner Bemühungen stellte ich neben den Visiten auf den neurologischen Stationen und neben der Lehre das wissenschaftliche Arbeiten: einen Neuanfang oder auch eine Fortsetzung dort, wo es möglich schien. So wie es sich für eine universitäre Einrichtung gehört. Ich erfuhr von verschiedenen Plänen, worüber man forschen wolle. Viel mehr war aber nicht erkennbar, was man sicher nicht gerne hören wollte. Hatten die im Norden der Stadt in Berlin-Buch liegenden, als staatstragend geltenden Kliniken für neuro-wissenschaftliches Arbeiten entscheidende Energien und finanzielle Mittel von der Charité und so auch von der Klinik für Neurologie abgezogen?

Auf der Suche nach geeigneten Arbeitsplätzen stieß ich im Haus auf zwei Laborräume. Das eine Labor befand sich im Untergeschoss des Hauptgebäudes. Es machte den Eindruck, als ob dort seit der Fertigstellung der Klinik vor hundert Jahren keine Renovierung mehr stattgefunden hätte. Möglicherweise trug dazu bei, dass man überwiegend auf das spärliche Kunstlicht der Neonleuchten angewiesen war. Diese Röhren benötigten gefühlte Minuten, bis ihre Starter unter Knack- und Blitzgeräuschen gezündet hatten. Auch blinkte und knackte und zischte es zwischendurch immer mal wieder.

Das Labor stand unter der Leitung nicht eines Arztes, sondern eines Chemikers, der dort vor Jahrzehnten hingesetzt worden war und sich als Autodidakt hatte einarbeiten müssen. Er bemühte sich mit seinen zahlreichen medizinisch-technischen Assistentinnen redlich um die Analyse von Nervenwasser sowie um die Standardisierung der erzielten Werte. Da er kurz vor seiner Pensionierung stand, wollte ich nicht den Eindruck erwecken, ich wäre gekommen, um ihm sein Reich streitig zu machen. Aber wie man es auch sehen mochte, ich war ein Eindringling. Meist zog er sich nach kurzer Begrüßung in sein Arbeitszimmer zurück, wenn ich in seinem Labor erschien. Was von meiner Seite dann zunehmend selten geschah.

Die Zahl der in diesem Labor arbeitenden Kräfte, es handelte sich abgesehen von ihrem Leiter ausschließlich um Frauen, erschloss sich mir erst im Laufe von Wochen. Die leitende Assistentin wollte oder konnte mir keine genaueren Angaben machen. Warum wollte ich das auch wissen? Es waren auf jeden Fall viele, die hier arbeiteten. Immer wieder durfte ich neue, freundliche Gesichter kennenlernen. So wurde, wenn ich zufällig im Labor auftauchte, diese oder jene mir noch unbekannte Person vorgestellt, ihre bisherige Abwesenheit begründet mit Krankheit, der eigenen oder jener der Kinder, dem Urlaub, anderweitigem Arbeitseinsatz, Haushaltstag, Abfeiern von Überstunden. Jedes Mal etwas verlegen, als ob man ein schlechtes Gewissen habe. Oder man schon länger überzeugt war, dass die täglich anfallende Arbeit auch mit weit weniger Personal hätte erledigt werden können. Möglicherweise hatte sich auch hier das, was manche, wie ich hörte, Bassow-Methode nannten, eingeschlichen.

Häufig kamen Kinder der Assistentinnen mit ins Labor, weil sie krank waren oder aus irgendeinem anderen Grund nicht in der Krippe abgegeben werden oder nicht in die Kindertagesstätte gehen durften. Sie wurden dann im Laborsaal oder im angrenzenden, sogenannten Stützpunkt gemeinschaftlich betreut. Man war, was das anbelangt, eine große, sich gegenseitig stützende Familie. Und das war im Grunde auch verständlich und durchaus sympathisch. Sie etwa mit dem Hinweis, Kinder hätten aus hygienischen Gründen nichts im Labor verloren, auseinanderzubringen, hätte Ärger eingebracht. Und warum hätte man das überhaupt gewollt? Hier herrschten fließende Übergänge zwischen Arbeitswelt und dem Leben zu Hause, nicht diese strikte Trennung, wie sie im Westen gang und gäbe war. Die allzu großzügige Ausstattung mit Arbeitskräften, darüber wollte ich dann lieber andere urteilen und entscheiden lassen.

Was die Arbeit der technischen Assistentinnen und Laborantinnen im Einzelnen beinhaltete, auch das war nicht einfach zu erfahren. Ungern ließ man sich in die Karten schauen. Man arbeitete täglich ab, was man schon immer täglich abarbeitete. Jedenfalls war nicht zu übersehen, dass verschiedene Analysen des Labors aus den 30er und 40er Jahren oder vielleicht von noch früher stammten und von aktuellen, genaueren nur vereinzelt abgelöst worden waren. Warum sie hier an der Charité weiterverwendet wurden? Das ließe sich leicht erklären, wurde mir bedeutet. Einer der letzten Direktoren der Klinik, Professor Leonhardt, vornehmlich Psychiater, hätte darauf bestanden, dass diese ihm vertrauten Untersuchungen weiter durchgeführt werden. Widerreden seien von ihm lange Zeit erfolgreich abgewehrt worden. Und so hieß es im Labor: ›Wir haben doch diese Werte bisher immer an die Klinik geliefert und niemand hatte irgendwelche Einwände gehabt.‹ Nach Wochen gelang es, unterstützt durch aus dem Westen rüber geschafftes Know-how, verschiedene Untersuchungen mit aussagefähigeren Ergebnissen einzuführen.

Im Laufe der Gespräche mit den Mitarbeiterinnen des Labors fiel mir erstmals auf, dass ihre jeweiligen Namen auch in anderen Bereichen des Klinikums auftauchten. Es waren die Ehemänner, die weitverzweigte Verwandtschaft,

die, wie auch immer, ebenfalls eine Anstellung an der Charité gefunden hatten. Dafür konnte ich davon ausgehen,
dass sich Nachrichten aus dem Labor genauso wie aus
anderen Teilen der neurologischen Klinik, die guten wie die
schlechten, schnell über das gesamte Klinikum verbreiteten.
Buschfunk, ein Vorgänger des Internets. Vielleicht war es
nur eine Wahnvorstellung, unter der ich mehr als nur einmal
zu leiden hatte.

Einen weiteren großen Laborraum fand ich, endlich darauf
aufmerksam gemacht, im Erdgeschoss, Ostflügel des weit-
läufigen Gebäudes. Über dem Eingang wies ein Schild darauf hin, worum es sich handeln sollte: »Neuroanatomisches
Labor«. Die Tür war verschlossen. Sie schien schon geraume
Zeit nicht mehr geöffnet worden zu sein. Der passende
Schlüssel fand sich nach einigem Suchen, wurde mir aber
erst nach mehrmaligem Bitten vom Verwaltungsleiter ausgehändigt. Jener war im Begriff, auf seine letzten Amtstage zu
warten. Welche Untersuchungen oder welche Forschungen
und ob überhaupt irgendetwas in den letzten Jahren dort
durchgeführt worden war, konnte oder wollte mir niemand
so genau sagen.

Beim Betreten des großen Raumes schlug mir der süßlich-
säuerliche Geruch von Formaldehyd entgegen. Kurz tauchten
wieder jene Stunden in der Heidelberger Anatomie auf, wo
wir als junge Studenten in kleinen Gruppen die unsinnige
Aufgabe zu erledigen hatten, mit einem stumpfen Spatel an
einem menschlichen Gehirn die graue von der weißen Subs-
tanz zu trennen. Nie verschwendeten wir einen Gedanken
darauf, von wem dieses Gehirn wohl stammen mochte.

Die verschiedenen Schalter links neben der Tür waren
überwiegend funktionslos, führten zumindest nicht zu ausreichendem Licht. Über allem, was ich im ersten Augenblick
wahrnehmen konnte, lag eine graue Staubschicht. Die Mitte

des Raumes beherrschte der gewaltige Labortisch. Seine Arbeitsfläche bestand aus roten, vereinzelt gesprungenen oder abgebrochenen Klinkern. Spinnweben überzogen die Bunsenbrenner, Schalen, Wasserhähne, Abzugshauben. Hier war ganz offensichtlich seit Jahren, oder waren es Jahrzehnte, nicht mehr gearbeitet, geschweige denn geforscht worden. Und wenn doch, dann unter bedauernswerten Umständen.

Unübersehbar, da in Augenhöhe, befand sich über diesem zentralen Labortisch ein auf Metallgestellen montiertes tiefes Regal. Sicherheitsglas. Darauf standen dicht an dicht teils rechteckige teils zylindrische Behälter aus Glas, ich schätzte, fünf oder mehr Liter fassend. In diesen Behältern schwamm in einer klaren, in manchen Gläsern auch leicht trüben Flüssigkeit, eine, wie mir schien, wilde Sammlung anatomischer Monstrositäten. Achtung, jetzt bist du in eine verbotene Zone geraten, störst Totenruhe, schoss es mir durch den Kopf. Und war schon geneigt, mich zurückzuziehen, schnell die Tür wieder hinter mir zu schließen. Dann packte mich aber doch die Neugier, auch weil ich das, was sich mir hier so nah und so ungeschützt bot, bisher nicht erlebt hatte.

In einigen Gefäßen, den kleineren, schwammen menschliche, auffällig gut erhaltene Gehirne entweder von Verstorbenen oder der Größe nach zu schließen von noch nicht Geborenen. Die großen Gefäße, sie waren in der Mehrzahl, enthielten menschliche Wesen, Säuglinge oder fast reife Föten, gerade Geborenes, aber offensichtlich nicht Lebensfähiges oder schon vor der Geburt Verstorbenes, also Totgeburten. Die meisten Wesen, ich hatte keine Vorstellung, wie ich sie bezeichnen sollte, fielen durch ihre ungewöhnlichen, überwiegend erschreckenden Anomalien auf. Manche wirkten, als ob sie nicht tot wären, als ob sie nur schlafen würden. Ich erkannte sogenannte Siamesische Zwillinge, die an verschiedenen Köperteilen, vornehmlich mit ihren Köpfen, zusammengewachsen waren. Ich sah zwei aufgeschwemmte Säuglinge oder Föten mit aufgedunsenen, fehlgebildeten Köpfen. Ich sah Wesen, bei denen an Armen oder Beinen etwas nicht stimmte, anatomische Merkwürdigkeiten. Die Haut ihrer Körper zeigte sich ausgebleicht, gelblich-weiß. In einigen Behältern war der Flüssigkeitsspiegel abgesunken, ihr Inhalt entsprechend abgesackt, meist in den Beinen, falls sie vorhanden waren, eingeknickt. An manchen Gläsern klebten graue, teils eingerissene Zettel, auf denen sorgfältig von Hand oder auch mit Schreibmaschine geschrieben stand, worum es sich handelte oder gehandelt hatte.

Ich fühlte mich überfordert. Mir fehlte jede Möglichkeit, das Gesehene in Begriffe zu fassen. Waren es Leichen oder Leichenteile, handelte es sich doch nur um Präparate, um Anschauungsmaterial, also Material? Waren es menschliche Wesen, tot schon vor der Geburt und möglicherweise für irgendwelche Forschung freigegeben? Konnte man von einem ethisch gerechtfertigten Umgang mit den Menschen, die hier zu sehen waren, ausgehen? Wer hatte seine Einwilligung gegeben, dass Säuglinge, falls es sich um solche handelte, nicht beerdigt, sondern hier konserviert wurden? Wussten die Eltern davon, dass ihr verstorbenes Kind fortan in einem Glaszylinder schwimmend zu bestaunen war? Die Zeiten, in denen solche Präparate für die Ausbildung von Studenten herhalten mussten, gehörten längst der Vergangenheit an. Für die neurologische Ausbildung, soweit ich mich an die meine erinnere, waren sie niemals verwendet worden.

Hinter dem Labortisch standen Vitrinen, die gesamte Länge der Wand einnehmend. Sie enthielten weitere, etwas kleinere Gefäße aus dickem Glas, schätzungsweise siebzig oder achtzig an der Zahl. Darin schwammen überwiegend Gehirne oder Gehirnschnitte. Auch hier hatte ein Teil der Gläser an Flüssigkeit verloren, ihr Inhalt war entsprechend abgesackt. Die Ursache dafür lag wohl an den Glasdeckeln, die zum Teil nur locker aufgelegt und nicht festgeklebt waren oder deren Kleber sich aufgelöst hatte. Ob man wusste, dass das kontinuierliche Einatmen des entweichenden Formaldehyds krebserzeugend ist?

Was sollten diese Präparate hier im Gebäude der Nervenklinik?

Sie seien schon immer dort gewesen. Sie gehörten zu dem Raum oder der Raum zu ihnen. Eine Forschung, wenn überhaupt, habe in diesem Raum aber schon seit geraumer Zeit nicht mehr stattgefunden. Möglich erschien mir, dass die Sammlung der Präparate noch in der Zeit vor dem Zweiten, vielleicht auch vor dem Ersten Weltkrieg zusammengestellt worden war. In einer solchen Art von Zeitabschnitten zu rechnen mag zwar verwundern, bietet sich aber an, weil diese Kriege durch Zerstörung oder personellen Aderlass zuvor bestandene Arbeiten oder Forschungen abrupt unterbrochen oder unwiederbringlich zunichte gemacht hatten. Wenn sie wie hier nur unterbrochen oder besser abgebrochen worden waren, stellten sie ein bemerkenswertes, wie eingefrorenes Zeitdokument dar.

Handelte es sich womöglich um die Sammlung von Präparaten des Professor Jolly, der um die Jahrhundertwende den Direktorenposten der Klinik bekleidet und die Auffassung vertreten hatte, solche Präparate seien für die Ausbildung von Ärzten und Studenten in der neu erbauten Klinik notwendig? Hinterließen etwa Cécile und Oskar Vogt ihre Spuren hier, dieses schillernde Forscherehepaar, das zwischen den beiden Weltkriegen am Aufbau einer französischen Vorbildern folgenden Sammlung von Präparaten arbeitete?

Waren es vielleicht Präparate aus den Beständen der neuroanatomischen Sammlung des Rudolf Virchow, die unweit der Nervenklinik im Institut für Pathologie untergekommen waren. Vielleicht hatte man sie während des letzten Krieges aus Gründen der Sicherheit von dort ausgelagert. Das wäre, wie sich herausstellen sollte, in großer Voraussicht geschehen. Denn das pathologische Institut hatte in den Kriegsjahren erhebliche Schäden durch Bomben erlitten. Zudem hatten sich in den letzten Wochen des Krieges Teile der SS dort verschanzt und hartnäckig versucht, den Endsieg herbeizuführen. Die Folge war, dass ein Großteil des Gebäudekomplexes von der russischen Armee in Schutt und Asche gelegt worden war.

Während des sinnlosen Kampfes ging auch ein Großteil von Virchows kostbarer anatomischer Sammlung zu Bruch, war damit unwiederbringlich verloren gegangen. Durch das Bombardement war allerdings auch ein Teil des Westflügels der Nervenklinik in Mitleidenschaft gezogen worden, sodass es fraglich war, ob man tatsächlich Teile der anatomischen Sammlung dorthin ausgelagert hatte, lag es doch noch innerhalb des anzunehmenden Gefahrenbereichs. Die Herkunft unserer Sammlung blieb also im Dunkeln.

In jedem Fall hätte ich den täglichen Anblick von missgebildeten Föten oder Säuglingen, von Doppelköpfigen, von Wasserköpfen und weiteren anatomischen, aus meiner Sicht bedrückenden menschlichen Schicksalen bei etwaigem wissenschaftlichen Arbeiten in diesen Räumen nicht ertragen können. Obwohl ich Arzt bin und mich daran vielleicht nicht hätte stören dürfen. Denkbar waren schließlich auch Zusammenhänge der Präparate mit den menschenverachtenden Programmen, wie es hieß, zum Schutze der Erbgesundheit, die zu Zeiten des Nationalsozialismus in dieser Klinik einen Höhepunkt erlebt hatten. In jedem Fall, sie sollten so schnell wie möglich verschwinden. Weg. Ich wollte sie nicht mehr sehen. Ganz abgesehen von dem anhaltenden Geruch des Formaldehyds, das kontinuierlich aus den undichten Behältern wich.

Mein Ansinnen stieß in der Klinik auf Bedenken und Kopfschütteln: »Die Gläser mit ihren Präparaten waren doch schon immer dort. Wo wollen Sie die denn hinschleppen?« Richtig, wohin? Auf der Suche nach einem geeigneten Aufbewahrungsort fielen mir die Reste der anatomischen Sammlung des Rudolf Virchow ein, die in einigen Gängen des pathologischen Instituts zu finden waren, und die mir der Direktor der Neuropathologie bei meinem ersten Besuch wenige Tage zuvor nicht ohne Stolz gezeigt hatte. Ich machte mich noch einmal nach dorthin auf und ließ mir von einem mir Unbekannten die Sammlung zeigen, wobei mich, ohne dass ich dies zu erkennen gab, weniger die Sammlung als ihr Aufbewahrungsort interessierte. Wer für die Sammlung verantwortlich sei, konnte mir niemand so recht sagen. Vergeblich suchte ich nach jemandem, den ich für den Transfer unserer kostbaren Teile hätte begeistern können.

Das bedeutete, ich musste ohne Zustimmung handeln. Zusammen mit einem Stipendiaten und einem Studenten, beide aus dem Westen, entschloss ich mich, die Gläser mit ihren emotionsgeladenen Inhalten klammheimlich wegzuschaffen. Das war nicht einfach. Die Präparate etwa über den Haupteingang aus dem Klinikgebäude hinaustragen, um sie über das Gelände in das Gebäude der Pathologie und dort zur anatomischen Sammlung zu bringen, das wäre zu auffällig gewesen. Wenn wir bei einer solchen Aktion von Missgünstigen beobachtet worden wären, hätten wir uns mit Sicherheit ein skandalträchtiges Problem eingefangen: Totenruhe stören, kostbare Sammlungsgegenstände heimlich entsorgen, Rudolf Virchows Verdienste zunichte machen.

Nach mehreren Erkundigungen hatte ich mit meinen beiden Getreuen beschlossen, über einen der Geschlechtergänge auf den hinteren Versorgungshof der Klinik zu gelangen, um die Präparate von dort so unbemerkt wie möglich, allerdings über etliche Meter im Freien, hinüber zum Gebäude der Pathologie zu bringen. An einem Freitagabend, es dämmerte bereits, ein Großteil der Mitarbeiter hatte die Klinik zum Wochenende schon verlassen, die Besucher der Patienten waren gegangen, machten wir uns ans Werk. Jeweils mit einem Tuch bedeckt, damit nicht ein zufälliger Zeuge Anstoß an dem Anblick nehmen und unser Vorhaben torpedieren könnte, transportierten wir in mehreren Fuhren – wir benutzten dafür einen Verbandswagen – die Gefäße zum Gebäude der Pathologie. Abgesehen davon, dass keinesfalls ein Glas zu Bruch gehen durfte, mussten wir darauf achten, dass auch das Formaldehyd nicht aus den Gläsern schwappte. Die Inhalte, Köpfe, Arme, Beine und Gehirne, durften nicht zusammenbrechen. Im Institut der Pathologie trugen wir sie über zwei Treppen bis zur anatomischen Sammlung und stellten sie in die Regale zwischen andere Gläser ähnlichen Inhalts. Unsere Aktion wurde von niemandem bemerkt. Nach etwa drei Stunden hatten wir den Transfer geschafft – ohne Zwischenfall. Ich war ebenfalls geschafft. Dass die Reste der Virchow'schen Sammlung durch unsere Aktion um etliche seltene Stücke bereichert worden waren – ich bin mir nicht sicher, ob dies jemals festgestellt worden ist. In unserer Klinik kursierte jedenfalls von da an das Gerücht, ich hätte die Gläser samt Inhalt entsorgt, also vernichtet.

Ein zweites auffälliges Stück im Labor, diesmal ein Möbel, konnte nicht übersehen werden. Es atmete Seltenheitswert. Ich konnte mir nicht helfen, es übte eine fast magische Anziehung aus. Ein Drehstuhl aus Eisen. Dass er aus Eisen war, konnte man kaum erkennen, denn die Stäbe der Rückenlehne und die beiden Armlehnen waren, damit der warme Körper nicht auf kaltes Eisen trifft, mit feinem Kalbsleder bezogen. Sorgfältige Steppnähte an den seitlichen Rändern, sicher Handarbeit. Keinerlei Einrisse, unversehrt. Im

Bereich der Armlehnen, wo die Hände zu ruhen pflegten, das Leder vom Schweiß des Wissenschaftlers gedunkelt. In den hölzernen Rahmen der Sitzfläche Rattangeflecht gespannt. Ähnlichkeiten mit Stühlen von Thonet unverkennbar. Dem Geflecht sah man das Alter an. Nur ein einziges Mal wagte ich eine kurze Sitzprobe. Das schwere Fußteil mit typischem Kreuz, wahrscheinlich Gusseisen, sorgte für die notwendige Stabilität des Nutzers. Hin und her bewegen kostete dafür Kraft. Der Stuhl ließ sich drehen und konnte über ein kräftiges Gewinde, das sich im Bein versteckt hielt, in der Höhe auf die Wünsche des Nutzers eingestellt werden. Ich wurde an jenen Drehstuhl erinnert, auf den wir Kinder bei unserem Friseur gesetzt wurden. Das sollte der Stuhl gewesen sein, so wurde ich eingeweiht, auf dem der weltberühmte Professor Creutzfeldt zu sitzen pflegte. Es sei sein Stuhl gewesen. Professor Hans-Gerhard Creutzfeldt. Vor siebzig Jahren hatte er in unruhigen Zeiten das Labor geleitet oder zumindest dort gearbeitet. Dort hatte er seine schon damals erfolgreichen Studien zu seltenen Krankheiten fortgesetzt. Hatte unter anderem die später nach ihm und dem Hamburger Neurologen Jakob benannte, entzündliche und zum Tode führende Erkrankung des Nervensystems beschrieben, die »Creutzfeldt-Jakob-Krankheit«. Der Stuhl stand als Requisit da, als Memorial, als irdischer Überrest eines weltberühmten Forschers, als eine echte Devotionalie. Es schien so, als ob Creutzfeldt weiterhin dort säße. Sicher hätte man auch noch entsprechende DNA-Spuren an den Armlehnen nachweisen können. Als Sitzgelegenheit durfte der Stuhl schon aus Respekt vor seinem ehemaligen Nutzer nicht mehr benutzt werden. Wenn auch nicht zu gebrauchen, konnte und wollte ich ihn nicht entsorgen. Seine Entfernung aus dem Labor zusammen mit den anderen, von uns zu Sperrmüll deklarierten Möbeln hätte mit Sicherheit Ärger eingebracht.

Der Raum wirkte derart runtergekommen, dass ich mich zusammen mit ehemaligen Mitarbeitern und mit Doktoranden, alle aus dem Westen, beriet, was hier wohl schnell und unbürokratisch gemacht werden könnte. Der Vorschlag, Decken und Wände doch einfach mit weißer Farbe zu streichen, wurde angenommen. Aber wer sollte das so schnell durchführen? Wenige Tage nach dieser Beratung waren an einem weiteren Freitagabend mehrere Eimer mit weißer Wandfarbe und entsprechendes Werkzeug, auch zwei Leitern, herangeschleppt worden. In einer Hauruck-Aktion strichen wir über das Wochenende den gesamten Laborraum. Zunächst wollten wir es bei den Wänden belassen. Da nach dem neuen Weiß der Wände die Decke des Raums noch düsterer wirkte, wurde auch sie gestrichen. Das war bei einer Deckenhöhe von, ich schätze, vier Metern, Schwerstarbeit. Den notwendigen aber fehlenden Arbeitsschutz mal außen vor gelassen. Zumindest strahlte das Labor zu Beginn der folgenden Woche in leuchtendem Weiß. Kein Wunder, dass ein oder zwei Laborantinnen, die einige Wochen zuvor angeheuert worden waren, zunächst vermuteten, sie hätten sich in der Tür geirrt.

Nachdem der Raum freundlicher geworden war, begann ich mit meinen Getreuen, Schritt für Schritt das sperrmüllreife Mobiliar auszutauschen. Die Entsorgung erfolgte über eines der nach Nord-Osten gelegenen großen Fenster, das in einen nicht von überall einsehbaren kleinen Hof führte. Nachdem die Verwaltung über unser Tun informiert worden war, sie fragte nicht weiter nach, wurde der Müll relativ bald abgeholt. Unser an Respektlosigkeit erinnernder Umgang mit den alten Möbeln konnte damit nur kurzfristig Stein des Anstoßes werden.

Über Kanäle, deren Fluss ich in der allgemeinen, an Gesetzesfreiheit grenzenden Unordnung nicht näher wissen wollte, wurde bekannt, dass das im Stadtteil Pankow gelegene Seruminstitut im Rahmen einer Zentralisierung abgewickelt werden sollte und man sich dort an den erst jüngst angeschafften Labormöbeln bedienen könne. Was wir alsbald auch taten, um das Beste an Tischen, Stühlen, Regalen, Schränken und schließlich einigen wertvolleren Geräten in unser Labor zu schaffen. Keiner fragte, was wir da veranstalten würden. Keiner schien sich zu wundern.

Auch wanderte bald das große Leitzmikroskop, von dem ich wusste, dass es in doppelter Ausführung im Labor der Neurologischen Klinik Charlottenburg stand, in die Charité rüber. Wenn mich dort jemand gefragt hätte, was ich da denn mache, hätte ich eine Antwort aus dem Ärmel schütteln müssen. Zum Glück stellte niemand eine solche Frage. Ich hätte noch mehr Geräte unbemerkt in die Charité transferieren können.

Es war Diebstahl. Noch. Denn bisher hüteten sich die Westberliner Universitätskliniken, mit der Ostberliner Charité irgendwelche gemeinsame Sache zu machen. Jeder war noch kämpferisch auf sein eigenes Wohl bedacht. Die Sorge um Kompetenzverlust ging um.

Das Arbeiten in unserem Labor konnte langsam beginnen.

Auf den Stationen

Vorsichtig tastete ich mich an Gewohnheiten und Eigenheiten meiner ärztlichen Mitarbeiter heran. Nur nicht den Eindruck eines Herren aus dem Westen erwecken. Etwa eines Herren, der alles besser weiß. Später konnte dieses Verhalten allerdings auch als unnahbar und stolz interpretiert werden.

Für die ersten Tage in der Klinik hatte ich den leitenden Oberarzt gebeten, mich doch bei den Visiten auf den Krankenstationen zu begleiten. Er, ein mäßig schlanker, hoch gewachsener Mann mit weichen, leicht pastösen Gesichtszügen, war etwa so alt wie ich. Vielleicht war er auch etwas älter. Bei den Gesprächen mit mir schaute er oft auf die Uhr. Wenn die Visiten beendet waren, verschwand er umgehend. Für Nachbesprechungen fand sich kaum Zeit. Vielleicht zog er sich in sein Zimmer zurück.

Erst im Laufe der Tage gab man mir Hinweise, dass ihm bis zu meinem Erscheinen in Ermangelung geeigneter Bewerber die Leitung der gesamten Neurologie übertragen worden war. Möglicherweise hatte man sie ihm im Hinblick auf den anhaltenden Exodus leitender Ärzte sogar endgültig in Aussicht gestellt. Er hatte sich also durch meine Anwesenheit unversehens wieder in seine ursprüngliche Funktion, in die eines Oberarztes, einzuordnen, musste sich meine Einschätzungen und Wünsche anhören. Den Eindruck, ich gäbe Anordnungen, versuchte ich so weit wie möglich zu vermeiden.

Aber wer tritt schon gerne, nachdem man sich in vorderster Linie abgemüht und bewährt hat, wieder in das zweite Glied zurück? Und außerdem, was hätte ich ihm schon sagen können, was sollte ich ihm an Fachwissen voraushaben? Hatte die unterschiedliche Zugänglichkeit zu Lehrbüchern und wissenschaftlichen Zeitschriften Auswirkungen auf die Ausbildung gehabt? Das Gespräch mit den Patienten und die neurologische Untersuchung am Krankenbett konnten sich im Westen oder Osten nicht so unterschiedlich entwickelt haben.

Unterschiedliche Auffassungen, gerade wie man dem Patienten begegnet, gab es dann schon. Das blieb mir nicht verborgen. Während ich mich im Laufe der Visiten gerne mal an den Rand des Bettes setzte, um mir ausführlicher die Leidens- und auch etwas von der Lebensgeschichte des Patienten berichten zu lassen, pflegten die Oberärzte einen deutlichen, auch räumlichen Abstand. Man besprach nur das absolut Notwendige. Viel zu schnell verschwanden sie wieder in ihren eigenen vier Wänden. Tatsächlich erhoffte ich mir, ohne dies auszusprechen, mehr erkennbare Empathie.

Zu meiner Überraschung teilte mir der Oberarzt nach der vierten Woche mit, er werde demnächst die Klinik verlassen. Er habe die leitende Position in einer Rehabilitationsklinik im Norden Berlins angeboten bekommen. Auf der einen Seite musste ich Verständnis für seine Entscheidung aufbringen, gleichzeitig empfand ich sie als Angriff. War ich es, der ihn schon nach so kurzer Zeit vertrieben hatte? War ihm seine wieder zurückgesetzte Position leid geworden? Hatte ich seine Arbeit nicht ausreichend gewürdigt? Oder wollte er etwa einer Entlassung zuvorkommen? Seine auffällige Vernetzung im gesamten Klinikum war mir nicht entgangen. Nach meinen jüngsten Erfahrungen nicht in jedem Fall ein gutes Zeichen.

Aber auch auf Zureden war er nicht zu halten, seine Entscheidung stand fest. Im Nachhinein musste ich seine Flexibilität würdigen. Ging sie doch vielen Menschen ab, weil sie sich in der DDR und so auch an der Charité, gewiss in Ermangelung von Alternativen, eingerichtet hatten. Die meisten hofften, diese Situation hielte auch nach der Wende und bis zum Erreichen des Ruhestandes an. Warum auch nicht?

Der Weggang dieses wichtigen und in der Klinik beliebten Arztes wurde von den Kollegen, den Schwestern und Pflegern bedauert. Ich konnte ohne Weiteres davon ausgehen, dass dies mir angelastet, mir übelgenommen würde. Tatsächlich war der Verlust eines derart erfahrenen Arztes in jedem Fall schwer zu verkraften. Ein Ersatz zudem nicht in Aussicht. Bewerbungen um solch einen Posten lagen weder aus dem Osten noch aus dem Westen vor. Noch schien es absolut unattraktiv, sich an der Charité um eine Stelle, selbst um die eines Oberarztes, zu bewerben. Die herrschende Unordnung, die ungelöste Frage nach der Zukunft des Klinikums, die drohenden Kontrollen mussten sich herumgesprochen haben. Jeder ärztliche Mitarbeiter musste nach Anordnung der Klinikverwaltung ein Evaluierungsverfahren durchlaufen. Verlangt waren Angaben nach der etwaigen Zugehörigkeit zur SED oder gar zum Ministerium für Staatssicherheit. Außerdem wurde nach der Qualität der bisher geleisteten wissenschaftlichen Arbeit gefragt. Die allgemeine Verunsicherung beherrschte jedes Gespräch.

Blieben mir noch die beiden anderen Oberärzte, der eine frisch und zupackend, der andere zurückhaltend, auch was Entscheidungen anbelangt, dafür mit breitem neurologischen Wissen ausgerüstet. Die anderen leitenden Ärzte in den sogenannten Funktionsabteilungen der Klinik waren kaum oder nicht in die Krankenversorgung eingebunden. Da mir ihr Status, ob sie nun dem gesamten Zentrum oder speziell der Neurologie zugeordnet waren, unklar blieb, wollte ich mich vorerst nicht einmischen. Ich konnte auch kein Interesse dieser Ärzte erkennen, sich nach meinem Erscheinen häufiger auf den neurologischen Stationen sehen zu lassen. Vielleicht aus Scheu vor neuen Aufgaben oder auch vor mir.

Was die beiden Oberärzte der Neurologie anbelangt, musste das vorerst für die klinische Versorgung ausreichen.

Vielleicht hatten sich die beiden in den zurückliegenden Monaten etwas zu selten auf den Stationen sehen lassen. Das musste sich jetzt ändern.

Wie die Ärzte tatsächlich zu mir standen, wie sie meine Funktion interpretierten, war nur schwer zu ergründen. In jedem Fall war für sie seit meinem Erscheinen deutlich mehr zu tun. Statt sich überwiegend in ihre Zimmer zurückzuziehen, mussten sie täglich und mehrfach auf den Stationen ausführlich nach dem Rechten sehen. Was da heißt: Diagnosen stellen, Diagnosen korrigieren, zusätzliche Untersuchungen anordnen oder für unnötig erklären, sich die Neuaufnahmen des Tages vorstellen lassen, junge und noch weniger erfahrene Ärzte anleiten und ausbilden, Fortbildungen organisieren, Vorlesungen und Kurse für die Studenten vorbereiten.

Gelegentlich nahm ich mir eine halbe Stunde und besuchte einen der Oberärzte in dessen Arbeitszimmer, um mir von den vielen Geschichten der Klinik erzählen zu lassen. Bei der Gelegenheit musste ich mir auch Hinweise anhören, wo ich an der einen oder anderen Stelle umsichtiger hätte sein sollen. Von einem der beiden war zu erfahren, dass man im Grunde zwar nicht unbedingt mit meinem, aber doch mit jemandes Erscheinen gerechnet hatte, ja nach dem zurückliegenden lähmenden Stillstand der letzten beiden Jahre dankbar bemerkte, dass sich jetzt endlich etwas bewegen würde. Meine jüngste Bemerkung etwa, die Toiletten der Klinik seien in einem bejammernswerten Zustand, sie seien auch dringend sorgfältiger zu reinigen, hätte die Mitarbeiter zunächst aufgebracht, ja fast wütend gemacht. Dann habe man aber feststellen müssen, so als ob jetzt erst die Augen geöffnet worden seien, dass zutraf, was ich zu bemängeln gewagt hatte.

Man berichtete mir von den noch wenige Monate zuvor abgelaufenen stundenlangen Sitzungen der Klinikleitung. Dort hätte man vieles beschlossen, von dem man genau wusste, dass es kaum umgesetzt werden konnte. Auf jeden Fall habe man solche Sitzungen nach abschließendem gegenseitigen Schulterklopfen in der Überzeugung verlassen, etwas Wichtiges sach- und fachgerecht entschieden zu haben.

»Sagen Sie, dieser Geruch, der durch alle Gänge und Zimmer zieht, das ist doch sicher so etwas wie ein Reinigungsmittel, oder?«, fragte ich bei Gelegenheit einen der Oberärzte.

»Ja, richtig, das ist oder das war unser Putzmittel, ›Wofasept‹, ein sehr gutes, gut wirksam, sehr bewährt. Wird noch heute, soviel ich weiß, in der Chemiesiedlung Wolfen hergestellt. Daher auch der Name ›Wofasept‹. Es gibt aber, wie ich vermute, ein Problem damit. Und das ist es wohl, was jetzt allen aus dem Westen, kaum dass sie hier sind, auffällt. Man hat es selten in der vorgeschriebenen Verdünnung verwendet. Ja, ich bin sicher, man hat im Laufe der Jahre die Konzentration immer weiter erhöht. Wahrscheinlich in der Vorstellung, auf diese Weise einen noch größeren Reinigungseffekt zu erzeugen. Kann auch sein, dass man sich dachte, je stärker die Konzentration, desto schneller bin ich mit der Reinigung fertig. So wie ich das jetzt sehe, hat es sich in alle Ritzen verkrochen und ist von dort nicht mehr so schnell zu vertreiben. Alle aus dem Westen sprechen uns auf diesen Geruch an. Dann müssen wir uns wohl daran gewöhnt haben, ich rieche es jedenfalls nicht mehr oder kaum noch.«

»Ich bekomme es nicht aus der Nase. Ist dieser scharfe Geruch nicht auf die Dauer schädlich? Wird das Putzmittel hier noch verwendet?«, fragte ich.

»Schädlich? Kann sein. Ich weiß nicht, ob es noch verwendet wird. Wahrscheinlich nicht, denn der Geruch lässt in den letzten Monaten deutlich nach«, war seine Antwort.

Nach einigen Monaten wagte ich vor ihm zu behaupten, dass inzwischen doch keine Unterschiede mehr zwischen den Menschen in Ost und West zu erkennen seien. »Meinen Sie!«, entgegnete der Arzt.

»Ja und wo sehen Sie noch Unterschiede?«

»Ihre Schuhe!«

Die dunklen Patientenzimmer, ihre Wände zeigten einen lackähnlichen Anstrich, waren mit Spanholzmöbeln ausgestattet. Man sagte mir vornehmlich Lieferungen aus dem VEB Möbelkombinat Zeulenroda. Die schiefen Türen der Spinde quietschten, das Schließen verlangte Erfahrung. Die war vorhanden, da die Patienten oft drei Wochen und länger in ihren Zimmern lagen. Die einfachen Stühle vor jedem Bett hatten als Sitzfläche entweder ein Brett aus Sperrholz oder Bezüge aus dunklem Lederimitat oder braun-ocker gestreiftem, plüschigem Stoff. Jene Stühle mit den eckigen, dünnen Stahlbeinen, bedurften besonderer Aufmerksamkeit. Manche ihrer Beine waren leicht verbogen, meist nach innen, sodass man beim Sitzen etwas balancieren musste, wenn man nicht in Schieflage, gar noch mit Fallneigung, geraten wollte. Für eine neurologische Station eine nicht zu unterschätzende Gefahrenquelle. Die Patienten kannten sich aber auch hier aus.

Die kleinen grauen Waschbecken, falls solche zur Ausstattung der Zimmer gehörten, waren in der Regel angeschlagen, ihre Siphons verrostet. Was die so legendäre Hilfsbereitschaft der Menschen in der DDR anbelangt, konnte ich manch erstaunliche Erfahrung machen. Eines Tages, nur als Beispiel, hatten wir einen Patienten, Herrn F., aufgenommen. Dem liebenswerten, noch relativ jungen Mann, war sein extremer Zigarettenkonsum zum Verhängnis geworden. Er hatte einen Schlaganfall erlitten. Linker Arm und linkes Bein waren gelähmt. Wie sich herausstellen sollte, arbeitete er als Betriebshandwerker an der Charité. Schon einen Tag nach seiner Aufnahme in unsere Klinik erschienen einige seiner Kollegen, bauten das alte, runtergekommene Waschbecken in dem Zimmer, in dem er lang, ab und montierten ruck-zuck ein neues Becken mit modernem Wasserhahn, nach den Markenzeichen offensichtlich Westware. Das nannte man Kameradschaft. Woher nur diese Anordnung, woher die Mittel kamen? So konnte es eben auch gehen. Der Amtsweg hätte Monate gedauert.

Der Zustand der allgemeinen Aufenthaltsräume für die Patienten, schwer zu beschreiben. Abgenutzte, karge Möblierung. Da zu diesen Zeiten in den meisten Krankenhäusern, so auch in der Charité, noch geraucht werden durfte, sahen die Wände entsprechend aus. Es tat mir alles, ich weiß nicht, irgendwie weh. Ich wusste nicht, wo ich anfangen, was ich als Erstes ändern sollte. Was sinnvoll war, geändert zu werden. Und welche Änderungen mir überhaupt möglich waren. Das Essen, mit dem die Patienten vorliebnehmen mussten, war ähnlich ausgelaugt wie im Westen. Da war, wenn überhaupt, so schnell nichts zu machen.

In den Patientenzimmern standen zwei bis vier Betten. Bei den Betten handelte es sich um Modelle, die vor Jahren, vor vielen Jahren angeschafft worden sein mussten. Wahrscheinlich hatten die meisten Exemplare schon den Krieg vor fünfzig Jahren erlebt. Vielleicht auch Herrn Professor Sauerbruch während des Krieges im Keller der Charité gedient, wie man das auf alten Fotografien sehen und in Filmen erleben kann. Manche Betten standen stabil an ihrem Platz. Das heißt, sie ließen sich in Ermangelung von Rollen an den Beinen, etwa wenn sich Not ankündigte, nur durch gemeinschaftliches Tragen in einen anderen Raum bewegen. Die Hilfe von Patienten war da willkommen.

Der Lack ihrer Stahlrohre war möglicherweise einmal weiß gewesen, jetzt hatte er eine hellgraue, leicht ins Gelbliche gehende Farbe angenommen, als ob sie seit geraumer Zeit nicht mehr gereinigt worden wären oder vielleicht von einer Hepatitis angesteckt worden seien. An vielen Stellen war der Lack abgestoßen, der rostrote Stahl schaute ungeniert hervor. Auch hatten die meisten Betten eine bestimmte, nicht veränderbare Höhe. Für die Pflege und die ärztliche Untersuchung waren sie zu niedrig, was dem Rücken der Schwestern und Pfleger und auch der Untersuchenden, wenn sie die Kraft der Muskulatur, die Sensibilität oder die Reflexe des Patienten prüfen wollten, nicht immer zuträglich war. Wegen der allgemeinen Anspannung, vielleicht auch wegen der Betten hatte ich mehrmals und für Tage unter Rückenschmerzen zu leiden. Das behielt ich aber bei mir.

Die Betten waren also zu niedrig. Auf der anderen Seite waren sie aber auch zu hoch, wenn ein Patient, der etwa Lähmungen aufwies oder aus irgendeinem Grund unruhig wurde oder war, drohte, aus dem Bett zu fallen. Die Fallhöhe war dann zu hoch, ja konnte gefährlich werden und zu Verletzungen führen. Ein Risiko, das man keinesfalls in Kauf nehmen wollte und durfte. Aus lauter Vorsicht Gitter – und etwa die gepolsterten – vor die Betten zu klemmen, das kam freilich auch nicht gut an.

Bei einer der Untersuchungen am Krankenbett prüfte ich die Augenbewegungen des Patienten. Dabei hält man mit der einen Hand den Kopf des Patienten fixiert, und mit dem Zeigefinger der freien Hand führt man Bewegungen durch, denen der Patient mit seinen Augen folgen soll. Aufmerksam die Bewegung der Augen beobachtend, stieß ich mit der bewegten Hand versehentlich an die Stange über dem Bett, die man gelegentlich auch als Galgen bezeichnet. Dabei lösten sich einige scharfkantige Lacksplitter. Wie es sein soll, fielen sie direkt in die weit geöffneten Augen des Patienten. Laut schrie er vor Schmerzen. Die Untersuchung musste abgebrochen, die Augen mussten ausgespült werden. Der Augenarzt wurde hinzugezogen, diagnostizierte leichte Verletzungen der Hornhaut. Für einige Tage musste eine Heilcreme aufgetragen werden. Ich fühlte mich zwar unschuldig, dennoch haftete an dem Vorfall der Vorwurf mangelnder Geschicklichkeit. Tölpel. Keine Frage, mir war das unangenehm, peinlich. Nach diesem Zwischenfall hatte ich aber die Nase voll. Ich sagte mir nur eines: Die Betten müssen weg und zwar so schnell wie möglich.

Also eilte ich noch am Nachmittag desselben Tages wieder mal zur Verwaltung des Klinikums, fragte mich durch und schilderte den Vorfall und die Gesamtsituation jemandem, der angab, für Beschaffungen verantwortlich zu sein.

»Wenn das so ist«, hieß es zu meiner Überraschung, »dann bestellen wir doch neue Betten für Sie.«

»Genau, vielen Dank. Das ist die einzige Lösung. Die Betten entsprechen keinem Standard mehr. Außerdem sind sie eine Gefahr für die Patienten.«

»Na gut, Sie haben ja Recht. Aber wo kann man denn solche Betten bestellen? Und hatten Sie sich was Bestimmtes vorgestellt?«

»Wenn Sie mich fragen und mir das überlassen würden, ich könnte die Bestellung übernehmen. Ich habe drüben mehrfach Erfahrung mit der Beschaffung neuer Betten gemacht.« Dass dies im Westen mit einem gehörigen, Wochen bis Monate benötigenden bürokratischen Aufwand verbunden war, verschwieg ich.

»Wenn Sie das übernehmen könnten, ja dann bitte.«

»Gut, dann bestelle ich zunächst mal vierzig Betten, alle mit verstellbarer Höhe, verstellbaren Kopf- und Fußteilen und Rollen an den Beinen. Und am besten von der Firma Stiegelmeyer. Wenn Sie damit einverstanden wären?«

»Stiegelmeyer? Wir kennen diese Firma nicht, aber machen Sie das doch.«

»Auch gleich die passenden Nachttische dazu?«

»Ja, selbstverständlich.«

»Und die passenden Matratzen?«

»Natürlich, die müssen ja auch für Ihre Betten passen.«

Mir war bekannt, dass diese Betten nicht aus dem preiswertesten Segment stammten, um es vorsichtig auszudrücken. Aber danach, also nach den Kosten, war nicht gefragt worden. Woher die finanziellen Mittel kommen sollten, war mir ohnehin einerlei. Ich fühlte mich wunderbar. Noch. Mir ging es allein um eine Anpassung des Standards zumindest an das Niveau, wie ich es von dem verwöhnten Westberlin kannte.

Am selben Tag die Bestellung auslösen, dafür war es schon zu spät. Am nächsten Morgen unmittelbar nach der Frühbesprechung brachte ich mich mit meinem C-Telefon am Fenster in Position und stellte mich auf ein längeres Telefonat mit der Firma ein, die die gewünschten Betten herstellt. Wie zu erwarten, gelang mir erst gegen Abend eine Verbindung. Dann erreichte ich aber doch noch einen Angestellten. Ich beschrieb, wer ich sei, von wo aus ich anrufen würde. Und dann sorgfältig die Ausstattung, die ich mir für die Betten und die entsprechenden Nachttische vorgestellt hatte. Zu meiner Überraschung nahm man den Auftrag, so groß er auch war, telefonisch an und bedankte sich dafür. War es der Name Charité, der so viel Vertrauen weckte?

»Wann können Sie liefern?«

»Ich denke, wir werden uns beeilen und Ihnen die Betten in drei bis vier Monaten liefern können.«

»Das geht ja gar nicht«, antwortete ich.

»Ja, welchen Termin hatten Sie sich denn vorgestellt?«

»Lieferung möglichst morgen.«

»Nein, nein, unmöglich, wo denken Sie denn hin?«

»Aber bedenken Sie mal, hier kommt eine Bestellung, ich nehme mal an die erste, aus der Charité. Sie wissen, die Charité. Und wenn es zeitnah klappen sollte, wird das mit Sicherheit nicht die letzte sein. Ihre Betten könnten exemplarisch, könnten zum Vorbild für das gesamte Klinikum werden.

Selbstverständlich werde ich mich auch über die Lieferfristen anderer Hersteller informieren müssen.«

Das war reiner Theaterdonner, ich wünschte Betten nur von dieser Firma.

»Warten Sie, warten Sie einen Augenblick«, hieß es am anderen Ende.

Es dauerte etliche Minuten. Ich ging schon von der üblichen technischen Unterbrechung des Telefonats aus, als sich mein Gesprächspartner plötzlich wieder meldete. »Wir haben das organisiert, sie erhalten die gewünschten Betten zur 29. Kalenderwoche, also Mitte Juli. Wäre das in Ordnung?«

Das war in vier Wochen.

»Sehr gut, das geht in Ordnung. Ich verlasse mich auf Sie.«

»Sie entschuldigen, wir benötigen jetzt aber doch noch die offizielle Bestellung durch ihre Klinikverwaltung.«

»Kein Problem. Ich kümmere mich sofort darum. Kommt umgehend.« Und sie kam auch.

Pünktlich Mitte Juli, es war so recht ein strahlender Sommertag, fuhren zwei große Lastwagen, westdeutsche Kennzeichen, vor die Klinik. Ganz was Neues. Die Betten waren angekommen. Ich inspizierte gespielt fachmännisch eines der ersten, die ausgeladen worden waren, es funkelte im Sonnenlicht wie ein chromblitzendes, hochpreisiges Automobil. Und entsprach ganz meinen Vorstellungen. Ärzte, Schwestern, Pfleger meiner Klinik erschienen und freuten sich ebenso wie ich. Auch die Farbe der Bettgestelle stimmte – man hatte sich in einem demokratischen Prozess für ›Flieder‹ entschieden. Jetzt tat sich endlich was. Es hätte ein Festtag werden können. Aber, ich hätte es mir denken können, die Betten lösten Begehrlichkeiten aus. Gerade wurden die letzten aus dem Lastwagen gehoben, da erschien Direktor v. T. in der Eingangstür, stürzte die Stufen der Treppe herunter und gestikulierte wild.

»Selbstverständlich werden die Betten auf alle Kliniken und nicht allein auf die Klinik für Neurologie verteilt. Was soll denn das!«, rief er erregt. Und ergänzte: »Wir sind hier ein Zentrum und wir haben bisher immer sachgerecht verteilt.«

Ich darauf: »Aber lieber Herr v. T., diese Betten habe ich doch ausgesucht, habe ich mit der Klinikverwaltung abgesprochen und ich bestellt. Sie sehen doch, die sind technisch für neurologische Patienten ausgerüstet, die gelähmt sein oder auch andere internistische Krankheiten haben können. Solche Betten benötigt keine psychiatrische Klinik. Dort sollte es doch eher etwas wohnlich zugehen. Und für Kinder sind diese Betten natürlich zu groß.«

»Sie haben mich nicht verstanden. Selbstverständlich werden die Betten auf alle Stationen dieses Zentrums verteilt.«

»Ich habe die Betten für unsere neurologische Klinik bestellt und dort kommen sie auch hin«, konterte ich ebenso erregt.

In diesem Augenblick zog Professor v. T. an dem verchromten Bügel am Fußende eines halb ausgepackten Bettes. Darauf zog ich an jenem des Kopfendes. Es war eine groteske Situation, erinnerte sie doch an unsere schöne Kindheit im Sandkasten. Ich war mir sicher, dass das Schauspiel von den Fenstern aus mit Belustigung, sicher auch mit einer Portion Schadenfreude beobachtet wurde. In der Not informierte ich die Verwaltung und bat um Schlichtung. Schließlich musste ich, um die Situation zu entschärfen, von den vierzig Betten fünf an die Klinik für Psychiatrie abgeben, obwohl allen klar sein musste, dass sie dort fehl am Platze waren.

Ich beschloss, bei der nächsten Bestellung, so sie notwendig werden sollte, behutsamer vorzugehen. Und diese Anschaffung erfolgte bald, hatte jedoch keinen wesentlich günstigeren Ausgang für mich.

In allen Arztzimmern sollte ein Computer mit Drucker aufgestellt werden. Ich ließ mir die Dinger, da ich zu wenig davon verstand, von meinem älteren Sohn in der Stadt aussuchen und bestellte, nachdem ich die Verwaltung informiert hatte, genauso unkompliziert, wie das bei den Betten der Fall gewesen war. Jetzt bat ich die Verwaltung aber um Stillschweigen. Die Computer wurden geliefert, aufgestellt, konfiguriert und auf die Bedürfnisse der Stationen und der Arztzimmer vorerst als reine Schreibhilfen eingestellt. Professor v. T. war jedoch über Kanäle, die ich nicht kannte, aber doch ahnte, längst informiert worden. Es musste über die Verwaltung des Klinikums erfolgt sein. Die Neuanschaffung dieser Computer musste für ihn besonders kränkend gewesen sein, hatte er sich doch erst vor wenigen Monaten nach der Lieferung zahlreicher elektrischer Schreibmaschinen, keine billigen Modelle, feiern lassen. Sollten diese teuren Schreibmaschinen schon wieder veraltet sein? Während der nächsten Teamsitzung saß ich erneut auf der Anklagebank.

Beziehungen. Arroganz. Typisch westliches Gehabe. Teilen nie gelernt. Ich gab zwei Computer ab, um Ruhe zu bekommen. Das Verhältnis zwischen Direktor und mir war damit endgültig zerrüttet. Gespräche wurden auf das Notwendigste reduziert. Ich war mir sicher, dass er im Klinikum über die vielfältigen Kanäle regelmäßig und ausführlich über mein Gebaren als Feudalherr berichtete. Und ich konnte davon ausgehen, dass sich seine Berichte im Falle meiner offiziellen Bewerbung auf diese Stelle nicht unbedingt positiv auswirken würden.

Ich hörte schließlich auch von dem breit gestreuten Gerücht, dass meine Beziehungen in alle Kanäle Westberlins, und speziell in die politischen, reichen würden. So spielte ich zum Beispiel regelmäßig mit der Ehefrau des regierenden Bürgermeisters Tennis. Und dabei würden alle wichtigen Dinge abgesprochen. Gegen solche Gerüchte war ich machtlos, auch wenn ich korrigierte, dass ich weder Tennis spielen noch die Ehefrau des Bürgermeisters von Berlin kennen würde.

In den kommenden Monaten, der Sommer hatte sich voll entfaltet, breiteten sich besonders auf jenen Stationen, die sich im Erdgeschoss befanden, lästige Plagen aus. In den Zimmern schwärmten Fliegen. Gut, ein Teil blieb an den zahlreichen klebrigen Spiralen hängen und musste dort sein Leben aushauchen. Aber die Myriaden von Stechmücken, die waren schlauer. Ungeniert und hemmungslos suchten sie ihre Opfer auf. Sie hatten im sumpfigen, völlig verdreckten, fast stehenden Gewässer des auf Westberliner Seite gelegenen Humboldt-Hafens, eines Hafens, in dem, soweit ich denken konnte, kein Schiff mehr angelandet war, sowie im träge dahinfließenden Schmutzwasser des angrenzenden Spandauer Schifffahrtskanals vorzügliche Möglichkeiten des Auslegens ihrer unzähligen Eier gefunden. Brach die Dämmerung herein, so erhob sich die ausgeschlüpfte Brut und schwärmte, als ob sie sich abgesprochen hätte, keine Grenze, keine Mauer, keinen Todesstreifen respektierend, in den Osten rüber, um dort das für sie lebensnotwendige Blut unserer Patienten zu saugen.

Die Patienten waren den Plagegeistern hilflos ausgeliefert, Fliegenfenster gab es vereinzelt, aber nicht ausreichend. Schwestern und Pfleger, in gleicher Weise in Mitleidenschaft gezogen, halfen sich, indem sie Glasampullen mit Vitamin B aufgeschnitten und vereinzelt an Fäden in den Zimmern aufgehängt hatten. Eigentlich soll das eingenommene Vitamin, besonders das Vitamin B1 gegen Mückenstiche schützen. Hier hatte man die Erfahrung gemacht, dass auch im Raum verdunstende Vitamine die Mücken etwas im Zaum halten konnten.

Von den gelegentlich durch die Zimmer huschenden Mäusen will ich hier nicht sprechen. An sie hatte man sich gewöhnt.

Diese drolligen Mitbewohner ließ man gewähren. Sie waren eine, allerdings nicht immer willkommene Abwechslung im Patientenalltag. Gelegentlich erreichten sie über die Außenmauer, das Rankenwerk des Wilden Weins nutzend, die Zimmer im ersten Stock. Das war schließlich doch zu viel. Ein Pfleger, der sich im Nebenberuf als Kammerjäger bewährt hatte, wurde dann aktiv. Auch wegen der Schaben.

Was die technischen Möglichkeiten anbelangt, so traten Unterschiede zwischen hier und den Westberliner Kliniken doch deutlich zutage. Gleichzeitig wurden kleine Verbesserungen, die ich ungefragt vom Westen in den Osten rüber schaffte, begrüßt. Wenn auch nicht ohne Misstrauen.

Um zu zeigen, dass ich nach dem Erster-unter-Gleichen-Prinzip jederzeit auch als Leiter der Klinik anpacken könne, führte ich manche der Untersuchungen durch, die in der Regel von einem Assistenten oder Oberarzt erledigt werden. An einzelne Lumbalpunktionen, das ist die Entnahme von Nervenwasser, erinnere ich mich allerdings ungern. Bei diesem Eingriff wird eine Nadel, nachdem die Gegend nach ihrer anatomischen Beschaffenheit abgetastet, gereinigt und nach Wunsch des Patienten auch anästhesiert worden ist, zwischen zwei Wirbeln im Lendenbereich blind und deshalb vorsichtig und mit Gefühl in den Raum geschoben, in dem sich das Nervenwasser befindet.

Mehrfach musste ich feststellen, dass das eintrat, was ich gerade vermeiden wollte. Die Patienten schrien auf. Der gerade von mir durchgeführte Eingriff war offensichtlich mit erheblichen Schmerzen verbunden. Was den Eingriff, weil der Patient sich zunehmend verspannte, nicht einfacher machte. War es meine Ungeschicklichkeit oder war es meine Verunsicherung, vor so vielen kritischen Augen zu arbeiten, denen ein Misslingen des Eingriffes vielleicht lieber gewesen wäre als ein Gelingen? »Unfähig, der aus dem Westen! War doch anzunehmen.«

Bei Gelegenheit ließ ich mir einige dieser Punktionsnadeln mitgeben, um sie in meinem Zimmer in Ruhe etwas genauer untersuchen zu können. Was ich vermutet hatte, die Spitzen der Nadeln waren fast durchweg stumpf oder verbogen. Zudem lagen die Mandrins – jene Stifte, die solange in der Hohlnadel bleiben, bis diese erfolgreich gesetzt ist – nicht in gleicher Ebene wie die Hohlnadel. Das heißt, manche ragten heraus, weil sie zu lang, andere lagen versteckt, weil sie zu kurz waren. Kein Wunder, dass der Eingriff schmerzhaft, wahrscheinlich sehr schmerzhaft werden musste, unabhängig davon, wie geschickt der Arzt ihn vornahm.

Nachdem ich den Befund der unbrauchbaren Nadeln gestellt hatte, stattete ich am Abend des gleichen Tages meiner alten, sagen wir Mutterklinik am Augustenburger Platz einen Besuch ab. Kein Interesse hatte ich, auf die vielen neugierigen Fragen einzugehen: »Und, wie sieht es denn da drüben aus? Macht man Ihnen das Leben schwer?« Mir war allein wichtig, einige Pakete mit Einmalnadeln zu ergattern. Eigentlich handelte es sich zu dieser Zeit um so etwas wie Diebstahl, da die Kliniken noch völlig unabhängig voneinander arbeiteten. Aber man hatte Verständnis, stillschweigend, für diesen Transfer und nahm es zum Glück nicht so genau. Ich hatte ja schon zuvor Arztkittel, Augenspiegel und etliches andere nach drüben geschafft.

So brachte ich am nächsten Tag mehrere große Packen hochfeiner, extrem scharf geschliffener Nadeln mit, die nur für den einmaligen Gebrauch gedacht sind. Ein Wegwerfartikel. Nicht billig. Westberliner Luxus. Ob das nicht Verschwendung sei? Seit der Erfindung der Lumbalpunktion vor hundert Jahren hatte man in der Charité mit Nadeln gearbeitet, die nach ihrem Gebrauch sterilisiert und selbstverständlich wiederverwendet wurden. Und falls die Nadelspitze unscharf geworden war, und dies entsprechend auch festgestellt werden sollte, erfolgte ihr Nachschliff. Ging doch.

Die Verbesserung, die leichte Handhabung der von mir mitgebrachten Nadeln und die relative Schmerzarmut bis -freiheit für den Patienten wurden schließlich wohlwollend gewürdigt. Ob dieser Vorteil, dieser kleine Fortschritt, auch mir zum Wohle gereichte, blieb offen. Jedenfalls konnte er ebenso gut Neid hervorrufen, wenn mir nur aufgrund meiner »Beziehungen« solche Neueinführungen von jetzt auf gleich möglich waren. Und dies, obwohl man mit Beziehungen gerade in der ehemaligen DDR ausreichend Erfahrung gesammelt hatte. Sie oftmals von entscheidender Bedeutung waren, das tägliche Leben erträglicher werden ließen.

Der Bereich, in dem Schwerkranke überwacht wurden, befand sich im ersten Stock des Hauses, Westflügel. Er nannte sich Intensivstation und sah auch danach aus. Die Krankenbetten zeigten modernen Standard. Das Selbstbewusstsein der auf solchen Stationen arbeitenden Schwestern und Pfleger, Ärztinnen und Ärzte hat erfahrungsgemäß und zum Teil zurecht ein besonderes Maß. Man sollte es als Chef respektieren, deshalb vorsichtig sein und sich genau überlegen, was man sagt. Vor der Wende waren Schwestern, Pfleger und Ärzte, die für diesen Intensivbereich zuständig waren, einem Kollektiv zugeordnet und hatten sich in Erinnerung nach »Oda Schottmüller« benannt, einer Widerstandskämpferin und Mitglied der »Roten Kapelle«. Oda Schottmüller war von den Nationalsozialisten hingerichtet worden, hatte aber in ihrem kurzen Leben mit Neurologie nichts zu tun gehabt. Auch im Westen trugen gelegentlich die Stationen Eigennamen, dann aber von irgendwelchen Neurologen. Den Namen »Oda Schottmüller« bekam ich während meiner Zeit an der Charité nie zu hören. Er war wohl stillschweigend gestrichen worden.

Mein erster Besuch führte über einen kleinen, abgedunkelten Vorraum, in dem verschiedene Geräte gestapelt waren.

Auf deren Fronten blinkten und oszillierten jeweils zahlreiche rote, gelbe und weiße Lichter, offensichtlich Kontrolllampen. In der Nähe der Stapel stand ein Mann in weißem Kittel, den ich mit Herr Kollege ansprach: »Sie überwachen hier wohl zentral die vitalen Funktionen aller Patienten?«

Er korrigierte zunächst: »Nein, entschuldigen Sie, ich bin kein Arzt, ich bin Techniker.«

»Ach so. Und was ist Ihre Aufgabe hier?«

»Meine Aufgabe? Ich prüfe die Funktion der Geräte.«

Er prüfte und überwachte also die Überwachungsgeräte. Meine Anwesenheit schien ihn zu verunsichern. Etwas verlegen versuchte er mir zu erklären, was die verschiedenen schwarzen und die silbernen Metallkästen und die Lampen für Funktionen hätten und welchen Patienten sie zugeordnet werden müssten. Die Fülle von Kabeln, Drähten, Kontrolllampen, die die kranken bis schwerkranken Patienten umgaben, imponierte mir. So viel Technik war mir vom Westen nicht bekannt. Noch hatte ich ordentlich Respekt davor, konnte mich aber des Eindrucks nicht erwehren: Das hier wirst Du nie kapieren. Gut, dass wir die Schwestern, die Pfleger und dass wir den Techniker hatten.

Die Krankheiten und ihre unterschiedlichen Schweregrade entsprachen etwa dem, wie ich es aus den Westberliner Kliniken kannte. Insgesamt musste sich die Zusammensetzung der Patienten hier wohl geändert haben. Vor der Wende waren der Nervenklinik in der Charité Patienten aus der gesamten DDR zugewiesen worden. Man ging, nicht ohne Ehrfurcht und Eifersucht, von einer besseren Ausbildung der Ärzte an der Charité, einem breiteren Wissen, aber vor allem von einer technisch besseren Ausrüstung der Klinik aus. Von dort konnte auch Westberliner Hilfe angefahren werden, wenn die Bildgebung eines Organs über das MRT notwendig sein sollte, natürlich in Begleitung linientreuer Ärzte. Inzwischen hatte man aber in der Provinz aufgerüstet. Jetzt versorgte die Charité fast nur noch Patienten, die aus Berlin und seinem nächsten Umland zugewiesen wurden. Ein Bedeutungsverlust für manche, die hier arbeiteten.

Von dem Kranken- und dem Versorgungszimmer des Intensivbereichs führten jeweils breite Türen zu dem gemeinsamen großen, überdachten und an den Seiten geschützten Balkon, also zu einer Art Loggia. Dort standen ein langer Tisch oder auch zwei und rundherum eine Ansammlung von Stühlen. Außerdem hatte sich eine weiß gestrichene Holzbank, spätes Biedermeier, möglicherweise Erstausstattung Charité, verirrt. Als ich sie später, zur Entsorgung vorgesehen, auf dem Hof entdeckte, nahm ich mich ihrer an.

Wenn das Wetter es zuließ, und dies sollte schon wegen der Überdachung der Loggia häufiger der Fall sein, Regen war kein Hindernis, diente der Bereich der Entspannung, der Raucherpause, aber vor allem dem ausgedehnten Frühstück. Wenn ich von ausgedehnt spreche, soll das nicht heißen, dass die Schwestern und Pfleger die Pausen, wie das von misstrauischen Verwaltungen oft angenommen wird, unnötig ausdehnten. Diese gemeinsamen, etwa gegen 10.00 Uhr oder etwas früher beginnenden Frühstücke – die meisten Mitarbeiter hatten die Arbeit schon um sechs Uhr, und häufig mehr oder weniger nüchtern begonnen – wurden sinnvoll genutzt. Dienten sie doch der Besprechung und dem Austausch über alles, was sich auf solch einer Station zugetragen hatte, dienten auch der psychischen Entlastung von der Arbeit mit den schwer- oft auch todkranken Patienten.

Es herrschte die ungeschriebene Regel, dass man im Fall eines bevorstehenden Urlaubs eine Frühstücks- oder Kaffeerunde zu stiften hatte. Diese Stiftung, die nach meiner Einschätzung von Monat zu Monat umfangreicher ausfiel, sollte für schönes Wetter sorgen. Gleiche Runden waren bei Geburtstagen, Hochzeiten, Geburten und was es sonst noch an wichtigen Anlässen geben konnte, angesagt, ja fast Pflicht. Es blieb nicht aus, dass häufig gefeiert werden musste. Und auch mal ausgelassen. Gelegentlich wurde des Mittags für alle gekocht. So ging von dieser Loggia eine besondere, eine wirklich heitere Atmosphäre aus. Ein Ort, der die Sorgen des Alltags in Vergessenheit geraten ließ. Und das war gut so und wichtig!

Nur selten wagte ich, mich dazu zu setzen. Meine Anwesenheit konnte die Offenheit der Gespräche behindern. Soviel bekam ich aber mit. Die Umwälzungen, die man dem Westen und der Wiedervereinigung zu verdanken hatte, ließen unzählige, wirklich unzählige, häufig existenzielle, oft Furcht, ja Angst und Schrecken einflößende Fragen aufkommen. Sie fanden hier einen Platz, konnten gemeinsam besprochen werden: »Welche Versicherungen hast du denn abgeschlossen?«

»Alle reden von Rechtsschutz, das sei jetzt ganz wichtig. Wie habt ihr euch entschieden?«

»Man hat mir eine Unfallversicherung für meine ganze Familie, auch für meine Kinder, aufgeschwatzt. Ich bin mir jetzt nicht mehr sicher, ob das wirklich notwendig war.«

»Kann man das auch wieder kündigen?«

»Was ist mit der Krankenversicherung, gilt die alte aus unserer DDR noch?«

»Was muss ich bei der Rente berücksichtigen?«

»Ich trau diesen Versicherungsagenten nicht so recht. So nennen die sich doch, oder?«

Tatsächlich hatten sich aus dem Westen kommend Schwärme solcher Agenten ungehemmt und ungeniert über die Stationen der Klinik verteilt. Fast täglich tauchten sie auf. Sie hatten den Osten entdeckt. Vergleichbar den blutsaugenden Mücken vom Humboldt-Hafen. Ihren gänzlich unvorbereiteten Bewohnern, allen Gefahren kapitalistischen Gebarens ungeschützt ausgesetzt, hatten sie unzählige, wie ebenso unnötige Versicherungen aufgeschwatzt. Versicherungen, von denen man annehmen konnte, dass der Agent ordentlich Provision einsteckte, der Kunde dafür mit jahrelangen Gebührenzahlungen belastet war.

Da die Loggia gen Westen gerichtet war und zudem hoch genug lag, erlaubte sie zwischen zwei ausgewachsenen Kastanienbäumen und über einem etwas tiefer gelegenen Gebäude, unweit gegenüber, einen Blick auf die Baumwipfel des Tiergartens. Schaute man etwas weiter nach rechts, so bot sich Sicht über den Todesstreifen, dann auch über die Mauer nach Westberlin. Oft konnte man in Richtung des alten Hamburger Bahnhofs hinter dem Hafenbecken und dem Schifffahrtskanal die Spaziergänger, die Jogger und Radfahrer beobachten, wie sie ihre Freizeit und Freiheit nutzten.

Wenn man Glück hatte und der Westwind herüberwehte, hörte man das Glockenspiel, falls es nicht außer Funktion war, von jenem Turm, der den Westberlinern von der Firma Daimler-Benz in einem Anfall von Großmut gestiftet worden war. Man gestand mir offen, in den Zeiten vor der Wende führte diese so nahe und doch unerreichbare Welt nicht selten zu einem Gefühl, das mit Wehmut oder mit Sehnsucht, manchmal auch mit einer Portion Verzweiflung verbunden war. Und wenn dann wieder einer der ihren verschwunden war, sich erfolgreich in den Westen abgesetzt hatte, wuchs die Ratlosigkeit umso mehr. Zu Wut und Trotz konnte es ebenso führen.

Einmal erzählte man sich die Geschichte jenes jungen Mannes, der unmittelbar nach dem Mauerbau über den Humboldt-Hafen in den Westen schwimmen wollte und von den Grenzposten der DDR mehr oder weniger vor ihren Augen erschossen wurde.

Die Feiern auf besagter Loggia spendeten zu Zeiten der DDR etwas Trost, förderten das Gefühl der Gemeinschaft und ließen über die mannigfachen Einschränkungen und Entbehrungen zumindest vorübergehend hinwegsehen, im wahrsten Sinne.

Epilog

Die Wärme des Sommers hatte sich über die Stadt gelegt. Sie lud nach draußen ein. Türen und Fenster der Stationen waren geöffnet. Es mag Anfang August gewesen sein, als ich in eine Runde fragte, ob es möglich oder üblich sei, Betriebsausflüge zu machen. Ja, das hätte es schon gegeben, sei aber in den zurückliegenden Jahren nicht für die gesamte Belegschaft, sondern nur noch von kleineren Kollektiven organisiert worden. Natürlich würde man so etwas gerne wieder unternehmen.

Hätte ich mich drüben in Westberlin befunden, hätte ich gewusst, was ich organisieren konnte, etwa den beliebten Mauerspaziergang. Aber hier? Das wäre möglicherweise nicht gut angekommen. Ich hatte keine Vorstellung, wie man das veranstalten sollte und vor allem wohin es hätte gehen können.

»Kennen Sie Kloster Chorin?«, wurde ich gefragt.

»Hab schon viel davon gehört, war aber noch nie dort. Das war für uns gerade als Westberliner zu aufwendig. Wir hätten über DDR-Gebiet fahren müssen. Die Beantragung einer Einreisegenehmigung wäre notwendig gewesen. Oder die Organisation über eine Reisegesellschaft. Viel zu kompliziert.«

»Dann machen wir unseren Ausflug doch dorthin, das lohnt sich für alle.«

Wenn ich leise für mich überlegte: Vierzig Jahre wurden die Vorzüge des Atheismus gepredigt. Und jetzt wird dir als erstes Ausflugsziel ein offensichtlich bedeutender Ort christlichen Lebens vorgeschlagen. Ist doch schön.

Schnell wurde, ohne dass ich mich darum kümmern musste, ein für den Ausflug geeigneter Tag gesucht und die Zahl der möglichen Teilnehmer festgestellt. Außerdem wurde zum Teil per Los eine kleine Mannschaft von

Freiwilligen zusammengestellt, sodass die Versorgung aller Patienten ausreichend gewährleistet war. Auf mich kam zunächst nur die Aufgabe zu, die Verwaltung des Klinikums über unser Vorhaben zu informieren. Dort zeigte man sich wenig interessiert. Einwände gab es nicht, Bedingungen wurden nicht gestellt.

»Machen Sie mal.«

Natürlich kam für den Ausflug kein Samstag oder gar ein Sonntag infrage, sondern nur ein ordentlicher Arbeitstag.

»Mit einem finanziellen Zuschuss können Sie aber nicht mehr rechnen.«

Das wäre wohl vor der Wende noch möglich gewesen.

Die weiteren Vorbereitungen liefen ohne mein Zutun. Zwei Krankenschwestern und ein Pfleger taten sich besonders hervor und ließen ungeahnte organisatorische Fähigkeiten erkennen. Ein Teil der Belegschaft wollte mit den eigenen PKWs fahren, für den größeren Teil wollte ich einen Bus mieten. Die Kosten übernahm ich, selbstverständlich. Bei meinem Westgehalt, von dem viele vermuteten, dass es ungewöhnlich hoch sei. Nicht zu Unrecht, wenn man verglichen hätte.

Um zu sehen, was uns erwartet, um vorbereitet zu sein, machte ich mit der Familie einen Ausflug dorthin. Nach langem Weg durch wenig überzeugende Vororte, dann durch Eberswalde und über den Oder-Havel-Kanal Ostberlins tauchten wir in den Brandenburger Wald ein. Und zwischen Kiefern und Eichen erschien plötzlich, gleich einer Luftspiegelung, das Kloster. Der erste Eindruck des in seiner Ausdehnung kaum überschaubaren Gebäudeensembles war schwer zu beschreiben. Der Wechsel von gut erhaltenen Gebäudeteilen und offensichtlichen Ruinen war ungewöhnlich, Ruinen, als ob sie eigens für den Maler aus Greifswald geschaffen worden seien. Die Zeit schien an vielen Stellen sichtbar ihre Spuren hinterlassen zu haben, aber der gotische

Stolz der verstreut liegenden Gebäudeteile war noch unverkennbar, ließ bescheiden werden.

Der Verfall des Klosters wäre wohl weit schlimmer ausgefallen, wenn nicht vor bald zweihundert Jahren Karl Friedrich Schinkel, unser preußischer Baumeister, den historischen Wert erkannt und dem zunehmenden Abbruch und den vielfältigen, unheiligen Sondernutzungen, die sich eingenistet hatten, Einhalt geboten hätte, besonders den Schweine-, Kuh- und Pferdeställen eines Bauernhofes. Eine entscheidende Wende. Für das Kloster. Bis dahin hatte man sich über Jahrhunderte an den kostbaren Steinen wie in einem Steinbruch bedient, gerade wie es sich anbot, wie das Kloster zerfiel. Das eingefallene südliche Seitenschiff und der daran angebaute Teil des Kreuzgangs waren schon etliche Jahrhunderte vor Schinkels Eintreffen Stück für Stück abgebaut worden. Das gotische Dach des Mittelschiffs der Kirche war dann im 18. Jahrhundert eingebrochen und immerhin durch eine flache Holzkonstruktion ersetzt worden. Die Dimensionen der Zisterzienserkirche ließen sich immer noch erahnen.

Vom Wald und vom See wehte trotz des klaren blauen Himmels feuchte, nach würzigem Moder riechende Luft herüber und wehte ungehindert durch die vielen Öffnungen des Kirchenschiffs. Die Mittagssonne strahlte zwischen den gotischen Säulen und Pfeilern, warf scharfe Schatten in das Hauptschiff. Im leicht erhöhten Bereich des hohen Chores schienen die Sylphen zu schweben, unsichtbar.

Viel an Restaurierung, sodass man sie wahrgenommen hätte, war in den zurückliegenden Jahren wohl nicht erfolgt. Aber das störte mich nicht, im Gegenteil, es verstärkte das Gefühl, als zähle man zu den Ersten, die die Gebäude entdecken durften, vermittelte so etwas wie Pioniergeist. Außer uns hatte sich an jenem Tag nur eine überschaubare Zahl von Besuchern an diesen unwirklichen Ort Brandenburgs verirrt.

Da, zwischen den hohen Klinkersäulen, ein Brautpaar, das sich in den bekannten Posen ablichten ließ. Wir vereinbarten eine Führung für den Tag unseres Ausflugs.

Noch ein Abstecher zu dem in unmittelbarer Nähe des Klosters gelegenen See. Vielleicht hätte sich dort Gelegenheit für ein Picknick ergeben. Auf dem Weg zum See kleine Berge von Abbruchmüll, Fliesen und so weiter. Sie mussten schon vor Jahren abgelegt worden sein, Gras, Moos und Brombeerranken hatten ausreichend Zeit gehabt, sie zu überwachsen. Der See wirkte versumpft an der Stelle, an der wir ihn erreichen wollten. An seinem Ufer war er zugemüllt. Dichtes Gebüsch, Brennnesseln und umgestürzte Bäume verhinderten, näher an das Wasser heranzukommen. Ein Paradies für Stechmücken, die uns gastfreundlich empfingen, von ihrem Tagesschlaf aufgeschreckt. Wir ergriffen die Flucht. Picknick unmöglich.

Die an ihrer vollen Südseite wegen des abgebrochenen Seitenschiffs offene, aber doch überdachte, überwältigende Kirchenhalle forderte geradezu auf, etwas zu veranstalten, an das man sich erinnern würde. Nur eine Besichtigung des Klosters, das konnte nicht genügen. Aber was? Hier hatte doch in den zurückliegenden Jahren der Choriner Musiksommer stattgefunden. Musik, das könnte passen, das wäre das Richtige. Ich werde in Berlin nach einem kleinen Ensemble suchen, das für uns spielen würde. Fragen, ob so etwas erlaubt sei, musste man nicht. Fast alles war möglich.

Zurück in Berlin suchte ich über Bekannte und Freunde nach Musikern, die nach Chorin kommen würden. Ein Quartett, zwei Violinen, eine Bratsche und ein Cello, ließ sich zusammenstellen. Sie wollten kommen und in der Kirche Stücke von Bach und Mendelssohn spielen. Der Ablauf wurde abgestimmt: Unsere Klinikgruppe kommt an, lässt sich durch die zugänglichen Gebäudeteile führen, trifft sich anschließend im großen Kirchenschiff, und die vier Musiker erscheinen überraschend mit ihren Instrumenten, nehmen wie selbstverständlich auf den im Bereich des Hohen Chors aufgestellten Stühlen Platz, stimmen ihre Instrumente und beginnen zu spielen.

Und so war es. Einige von uns blieben stehen, andere setzten sich auf einen der wenigen Stühle, wieder andere auf eine auf dem Boden ausgebreitete Decke. Die Stimmung war gespannt. Was jetzt? War das Zufall oder war das organisiert? Wird hier für ein kommendes Konzert geübt? Das Kloster, diese Ruine, zwischen Achtung und Mitleid. Und dann die Musik. Die jetzt behutsam begann, ihren versöhnenden Mantel über uns alle zu legen. Sorgen, Nöte, Kümmernisse, Wut, Ärger, Empörung, all diese Gefühle, diese unguten Stimmungen begannen, sich zu relativieren, wurden geringer, verblassten. Die Spannung – wir die Opfer im Osten und er der Eroberer aus dem Westen – ließ nach. Spürbar. In diesem Augenblick gehörten wir erstmals fast zusammen. Der da aus dem Westen meint es auch nur gut, der ist ja fast so wie wir.

Zum Abschluss spielte das Quartett den Kanon des Pachelbel, vertraut, versöhnlich, verbindend. Irrte ich mich, in durchweg entspannte, fast beglückte Gesichter zu blicken?

Nach dem Konzert übernahm ein Team der Schwestern und Pfleger die weitere Führung. Die fröhliche Stimmung hielt an. Durch den verwilderten Forst mit seinem dichten Gehölz, den Brombeeren, dem Giersch, dem Farn, den umgestürzten, verwitternden Bäumen, über verschlungene Wege, über die sanften Hügel der Moränen bewegten wir uns in kleinen Gruppen um den See und erreichten schließlich nach etwa einer halben Stunde ein im Wald versteckt liegendes altes Gasthaus. Ein Gasthaus, das dort wohl schon immer eingeladen haben muss, nicht weit weg vom Kloster. Unter dem hohen Gebälk des Hauses hatte man uns erwartet. Auf Holztischen standen Teller bereit. Keine Scheu, sich neben mich zu setzten. Gelegenheit war ausreichend gegeben, über kleine Gespräche Fäden des Vertrauens zu spinnen.

»Darf ich Sie mal was fragen? Werden Sie länger bei uns bleiben?«

»Schon gern. Das hängt aber davon ab, wie die Berufungskommission im kommenden Jahr entscheiden wird.«

»Das heißt, das ist noch nicht sicher?«

»Nein. Das ist nicht sicher.«

»Wir könnten uns schon vorstellen, dass Sie bei uns bleiben. Es ist ja, Sie nehmen es mir nicht übel, weniger schlimm, als wir befürchtet hatten. Ehrlich gesagt.«

»Vielen Dank, das freut mich, von Ihnen so etwas zu hören. Aber ich vermute mal, nicht alle sind der gleichen Meinung?«

»Aber nicht in unserer Klinik. Bestimmt nicht in unserer Klinik! Wir fänden es inzwischen schon ganz schön, wenn Sie bleiben könnten. Seit den paar Wochen, in denen Sie jetzt bei uns sind, hat sich ja so vieles getan. Und das mit den neuen Betten war eine wunderbare Idee. Wir sind so stolz auf diese Anschaffung. Gut, dass Sie sich da durchgesetzt haben. Viele beneiden uns darum. Was denken Sie, wie wir darauf achten müssen, dass uns diese Betten nicht abhandenkommen. Fast jeden zweiten Tag vermissen wir eines. Dann müssen wir uns auf die manchmal zeitraubende Suche begeben, und finden es irgendwo im Klinikum, wo man es sich unter die Nägel reißen wollte. Nach dem Vorwand, man würde gerade ein solches Bett dringender benötigen als wir. Kommt aber nicht in Frage. Glauben Sie mir, dann hätte in zwei, drei Monaten kein solches Bett mehr in unserer Abteilung gestanden. Jetzt erscheinen ja auch langsam wieder neue Ärzte in unserer Klinik. Auch schön, dass Ihre Familie mitgekommen ist.«

Warum erinnere ich mich nur so deutlich an dieses Essen? An die breiten Nudeln, die Hochzeitsnudeln. Mit Pfifferlingen, die den Geschmack und den Geruch des Waldes, in dem sie gesammelt wurden, so intensiv abgaben?

Nach dem Essen brachen wir zu einer weiteren Wanderung auf. Es gab ausreichend Gelegenheit für Gespräche, die zunehmend mutiger ausfielen.

Mit diesem Tag ließen Barrieren und Befürchtungen spürbar nach. Wir trauten uns gegenseitig mehr zu. Wir wurden offener. Urteile wurden sicherer, Vorurteile verblassten. Wir lachten häufiger. Wir begannen, hier und da – vorsichtig – so etwas wie Freundschaft zu schließen.

Inhalt